ARTHUR D'ANGLEMONT

ENSEIGNEMENT POPULAIRE

DE

L'EXISTENCE

UNIVERSELLE

COMPRENANT L'ANATOMIE DE L'ÂME HUMAINE

ET LA

DÉMONSTRATION DU MÉCANISME DE LA PENSÉE

> L'Amour est la première loi
> des sociétés. Appuyé sur la
> science du vrai, il transformera
> le monde.

PARIS
COMPTOIR D'ÉDITION
ESTAMPES — LIVRES — MUSIQUE
14, rue Halévy, 14
1889

ENSEIGNEMENT POPULAIRE

DE

L'EXISTENCE UNIVERSELLE

OUVRAGES DU MÊME AUTEUR

Dieu et l'Être Universel, 1 vol. grand in-18, de 500 p.,
   avec tableaux sériaires et figures . . . . 3 f. 50

POUR PARAITRE PROCHAINEMENT

Dieu dans la Science et dans l'Amour.
   Ouvrage en six volumes.

Synthèse de l'Être, 1 vol.
Synthèse de la Nature, 1 vol.
L'âme Humaine, 1 vol.

Le corps humain.
Les trois regnes, minéral, végétal, animal.
Le règne angélique.
Le regne archangélique.
} 1 vol.

L'Etre Astral-Social, 1 vol.
Dieu et les regnes déitaires, 1 vol.

Typographie A.-M. BEAUDELOT, 9, Place des Vosges, Paris.

ARTHUR D'ANGLEMONT

ENSEIGNEMENT POPULAIRE

DE

L'EXISTENCE

UNIVERSELLE

COMPRENANT L'ANATOMIE DE L'AME HUMAINE

ET LA

DÉMONSTRATION DU MÉCANISME DE LA PENSÉE

> L'Amour est la première
> loi des sociétés. Appuyé
> sur la science du vrai, il
> transformera le monde.

PARIS

COMPTOIR D'ÉDITION

ESTAMPES, LIVRES, MUSIQUE

14, Rue Halévy, 14

1889

PRÉFACE

Ce petit livre n'est qu'un coup d'œil rapide jeté sur une œuvre plus grande dont il donne seulement les premières notions générales. Cependant il suffit pour faire comprendre d'une manière sommaire le grandiose ensemble de l'existence universelle, de laquelle il décrit les principes fondamentaux.

Le but que nous poursuivons est d'enseigner à l'homme les grandes lois de sa destinée, afin que sachant d'où il vient et où il doit aboutir au-delà de la vie terrestre, il cesse de marcher en aveugle dans la carrière qu'il parcourt, et que comprenant l'avenir humain, il puisse décider en connaissance de cause du sort qu'il se prépare.

Ce que chacun doit bien comprendre, c'est que nous sommes le produit exact de notre propre valeur acquise, bonne ou mauvaise, et que pour devenir meilleur il faut travailler, comme pour posséder la science il faut l'acquérir par d'incessants et profonds labeurs.

Or, si l'intelligence donne de grandes jouissances à qui sait en faire un bon usage, ces jouissances ne peuvent être comprises de celui qui touche encore à la simplicité d'esprit. N'en est-il pas de même de l'âme qui, méconnaissant les sensations supérieures qu'engendrent les hautes facultés morales, se traîne dans les ornières du vice ou des abus, où elle ne recueille que la satiété des sens, qui devient l'indifférence douloureuse de l'homme blasé.

Aujourd'hui que ce dangereux enivrement produit ce que l'on pourrait nommer l'alcoolisme moral, lequel est causé par la funeste croyance à la mort absolue, il est temps de faire cesser cet étourdissement, de faire cesser le mirage trompeur de la pensée qui s'ignore, en démontrant au contraire qu'il n'est point de mort et qu'il n'y a que la vie, la vie avant de naître, la vie après avoir vécu ici-bas, la vie implacable pour celui qui veut la détruire, la fuir, et qui le menace de ne jamais s'éteindre dans la lutte que le désespoir lui fait engager parfois contre elle.

C'est à ces désespérés qu'il faut enseigner que cette vie impérissable n'est parsemée des souffrances qu'ils endurent que par leur ignorance des lois qu'elle leur impose pour devenir heureux. Étudiant ces lois, cherchant à les appliquer suivant qu'elles auront été comprises, l'intelligence des destinées ouvrira les horizons nouveaux d'un idéal qui deviendra la vérité tangible au fur et à mesure que la science saura le rendre positif avec le concours de la logique et du bon sens.

Quand le criminel saura à quels durs châtiments dans l'autre vie il s'expose en commettant l'assassinat, ne voulant plus continuer alors d'attenter à l'existence d'autrui, il cessera d'être un meurtrier ; le voleur craindra de dérober et il deviendra probe. Le vicieux aura honte de lui-même et le méchant, menacé d'une manière inévitable d'avoir à subir les mêmes peines qu'il aura infligées aux autres, deviendra bon.

Mais là où l'enseignement des destinées est le plus profitable encore, c'est chez l'enfant auquel il inculque dès le bas-âge une direction particulière s'imposant à lui et redressant ses déviations natives au fur et à mesure qu'elles se montrent avec la croissance. Et comme la morale qui lui est démontrée sous la forme d'une science exacte, lui fait comprendre les rigueurs des lois naturelles auxquelles il s'expose toutes les fois qu'il enfreint ces lois, dans son intérêt propre, il est conduit à se redresser lui-même.

C'est donc alors son intelligence, qui sollicite la victoire sur ses défaillances, du moment où il acquiert la certitude que le triomphe sur lui-même doit réellement le rendre heureux.

Au moyen de cette science morale qui sera transmise du professeur à l'élève, on verra surgir une génération nouvelle exempte de la triste contagion du mal. C'est alors que les mœurs s'épurant à la suite de l'équilibre des sens, qui ne seront plus sollicités par les précoces désirs, refoulés sous l'impulsion des pensées honnêtes, le respect fraternel s'imposera entre les sexes et fera naître un état nouveau où l'honneur, cessant d'être un vain mot, deviendra la loi universelle, comme l'exquise urbanité sera également la conséquence des loyales pensées des cœurs.

Telles seront les tendances de l'humanité quand elle sera bien convaincue des vérités éternelles dont la splendeur éclairera sa route et que, cessant de douter des magnificences inépuisables des progrès sous toutes les formes, elle aura une confiance absolue dans la bonté ineffable de celui qui créa tous les êtres, auxquels il assure le bonheur à la seule condition qu'ils sauront le conquérir eux-mêmes.

Nota : *Ce qui donne à l'enseignement de ce livre un caractère essentiellement scientifique, ce sont les lois naturelles d'analogie, de solidarité et de série méthodique sur lesquelles il s'appuie. Seulement, l'exiguité du volume n'a pas permis l'insertion des tableaux sériaires qui se trouvent ou se trouveront ailleurs, dans d'autres ouvrages où les mêmes questions demandent à être traitées avec de plus grands développements.*

Ici donc, nous ne pouvons qu'indiquer d'une manière sommaire les principes qui sont les bases de la science philosophique nouvelle que nous abordons, sans pouvoir leur donner les développements qui leur seraient nécessaires pour les montrer dans toutes leur clarté.

La forme en dialogue qui a été adoptée ici, a pour but de donner plus de précision aux démonstrations, souvent trop concises dans ce petit ouvrage, en faisant ressortir par des objections métho-

diques bien des vérités qui, autrement, demeurées obscures, n'auraient pas été suffisamment comprises par le lecteur.

Quelques mots nouveaux, mais très limités dans leur nombre, devenus indispensables, en une science encore inédite, pour éviter de fatigantes périphrases, ont dû être introduits ici, mais les esprits intelligents affranchis des préjugés étroits qui condamnent à outrance toute innovation, nous innocenteront volontiers des quelques infractions que, par nécessité, nous aurons fait subir à la langue française.

ENSEIGNEMENT POPULAIRE

DE L'EXISTENCE UNIVERSELLE

I

ESPRIT ET MATIÈRE

Un de mes voisins, homme instruit, judicieux et sincère, mais plus préoccupé jusqu'alors des exigences de la vie matérielle que des vastes problèmes de l'infini, me parlait un jour avec enthousiasme des magnifiques découvertes de notre siècle.

— Votre admiration est bien fondée, lui dis-je après l'avoir écouté longuement. Cependant, ne croyez-vous pas qu'il est des sujets plus dignes encore d'attirer votre attention? Vous qui prenez tant d'intérêt aux productions du génie humain, que diriez-vous si on vous expliquait le fonctionnement de la pensée humaine?

— Ah! me dit-il en souriant, votre plaisanterie est trop spirituelle, et je me garderai bien d'y répondre.

Comme je demeurai sérieux, il me regarda fixement ; un mouvement d'épaules presque imperceptible indiquait que sa foi en ma raison pouvait bien être un peu ébranlée.

— Pour toute réponse je le conduisis dans mon cabi-

1

net d'études, où je lui fis examiner un bas-relief dessinant, un peu plus grande que nature, une tête rêveuse
et pensive, environnée de radiations fulgurantes et
au-dessus de laquelle était écrit en gros caractères :
l'Ame humaine.

— C'est ici, continuai-je, que je pourrai, si vous le
voulez bien, vous donner l'explication du plus beau des
phénomènes de la nature, celui de la formation de la
pensée par l'âme de l'homme, qui en renferme et en
fait mouvoir le mécanisme.

— Ce dont vous me parlez doit être, en effet, très
ingénieux ; cependant, il est un léger obstacle auquel
vous n'avez peut-être pas songé : c'est que votre pré-
tendue âme humaine n'a jamais existé. Elle n'est autre
chose qu'une malencontreuse hypothèse des métaphy-
siciens spiritualistes et ne sert absolument à rien, qu'à
compliquer les démonstrations transcendantes de la
science de notre époque sur les fonctions de la vie.
Quant à moi, je ne crois absolument qu'à la matière,
qui me suffit pour tout expliquer, ne comprenant rien
à votre âme immatérielle, qui pénètre toutes choses et
qu'on ne trouve nulle part, ce qui semble passablement
absurde.

— Votre manière de voir sur l'immatérialité de l'âme
est très logique, et, sur ce point, je n'ai jamais eu d'autre opinion que la vôtre, car si l'âme n'était formée par
aucune substance, elle ne serait que le vide absolu,
elle ne serait que le néant, incapable d'aucune résis-
tance comme d'aucune impulsion. Que deviendrait
alors la spontanéité qui la caractérise ? — Non seulement,
ajouterai-je, l'âme est substance, mais elle est matière,
elle est le principe nécessaire de toute espèce de subtance ; ce qui conduit à dire que *tout est âme* dans la
nature, quoique ceci puisse vous paraître un peu para-
doxal.

— Si toutes vos âmes sont matérielles, mon cher
Monsieur, vous êtes matérialiste, comme je le suis. Sur
quoi donc discutons-nous alors ?

— Je discute sur le principe de spiritualité que vous refusez à l'âme, à l'âme dont vous admettez l'existence du moment où vous la voyez matérielle. Si vous ne reconnaissez pas en elle la présence de l'esprit aussi bien que celle de la matière, nous cessons d'être d'accord.

— Votre théorie sur l'âme est ingénieuse assurément, mais à quoi sert cette âme pour nous faire vivre ? Est-ce que le corps ne nous suffit point ? Vous oubliez donc que les attractions moléculaires remplissent un très grand rôle dans toutes les fonctions de notre organisme et qu'elles font comprendre les divers mouvements et même les diverses émotions de notre moi pensant ? A quoi bon alors tous vos mystères que vous n'expliquerez point ? Pour moi, je ne crois qu'à ce que je touche, qu'à ce que je vois, qu'à ce que je puis saisir par les sens ; toute autre chose n'est que pure illusion. Vos belles théories ne sont que des romans forgés par votre imagination et décorés par vous du joli nom d'idéal, auquel je préfère de beaucoup nos bonnes jouissances positives, celles-ci nous donnant toujours tout ce qu'elles promettent, tandis que vos savantes élucubrations veulent nous faire vainement espérer ce que nous ne saisirons jamais.

II

DIEU

Mon interlocuteur avait fini de parler, ayant cru me convaincre du règne sans partage de la matière et de l'inutilité absolue de l'âme pour faire vivre et fonctionner le corps, et il semblait triompher de ma défaite. Il me suffit, cependant, pour le rendre un peu moins sûr de sa victoire, de lui demander pourquoi le corps, peu à peu détruit par les atteintes de la maladie mortelle, est seul alors en voie de désorganisation,

tandis que la pensée, affaiblie il est vrai par l'affaisse-
ment des organes qui la répercutent, mais demeurée
maîtresse d'elle-même, affronte les cataclysmes sans
les subir, manifestant ainsi l'indépendance de sa sublime organisation, peu soucieuse des vaines disputes
entre les molécules corporelles.

— Eh bien ! ajoutai-je, vous qui niez la présence de
l'âme dans le corps, la nierez-vous dans la simple machine locomotive qui, vivante, entraîne à sa suite de
nombreux wagons ? L'âme, qui est ici la vapeur, aussitôt supprimée, cette machine tout à l'heure indomp-
table n'est plus qu'un cadavre, comme est un cadavre
inerte notre corps, aussitôt qu'il est abandonné par
l'âme humaine, qui le faisait fonctionner dans l'action
de sa volonté. Mais si vous pouviez rendre au corps
cadavérique son âme, sa puissance motrice, celui-ci
reprendrait le cours de sa carrière vitale, comme la
locomotive revient à la vie quand on lui restitue la vapeur, qui est sa puissance animique. De part et d'autre,
c'est donc une âme particulière qui anime soit la ma
chine locomotive, soit le corps humain, et à défaut de
laquelle s'éteint aussitôt la vie.

Mais l'âme ne suffit point encore pour faire fonctionner
le corps ; il lui faut en plus l'exercice permanent des
lois naturelles qui le meuvent suivant le plan préconçu
inhérent à son espèce. Ces lois, qui expriment quand
elles s'exercent une science profonde des choses qu'elles régissent, ne pouvant provenir de l'homme, qui les
ignore, indiquent une source grandiose dont elles émanent, une source sublime qui ne peut se trouver qu'au
sein de la Divinité.

— Alors, reprit mon interlocuteur, il vous faut un
Dieu pour gouverner la nature qui, cependant, sait
bien se passer de lui ! Admettons à la rigueur l'âme,
qui me déplaît moins depuis que vous me la montrez
matérielle : n'est-ce pas déjà beaucoup vous concéder ?
Mais qu'avons-nous besoin de votre divinité, si ce n'est
pour nous fustiger, pour nous menacer sans cesse de

sa colère, bien que nous n'ayons pas demandé à naître ; ce en quoi elle est souverainement injuste. Supprimez donc, croyez-moi, ce Dieu entièrement inutile et tout n'en ira que mieux.

— Sur ce point, il me serait très difficile de vous satisfaire, car si vous croyez à un ordre préconçu dans tout ce qui existe, à moins de voir partout le chaos destructeur de toutes les existences, il faut bien qu'une intelligence supérieure à la nôtre administre tout ce grand ensemble de vie. Cette intelligence, il faut la voir extérieure à l'être qu'elle régit, mais le pénétrant de ses rayons et le conduisant d'une manière harmonieuse, comme le chef d'orchestre conduit les musiciens exécutants qui suivent la mesure indiquée par lui.

Partout la loi divine est présente ou se fait représenter. Voyez la locomotive dont nous parlions tout à l'heure : nous avons reconnu en elle le mécanisme qui est son corps, la vapeur qui est son âme ; mais ces deux éléments de vie lui suffisent-ils pour conduire soit les marchandises, soit les voyageurs à leur destination ? Livrée à elle-même, on la verrait souvent abuser de la vitesse, qui lui ferait tout briser sur son passage, étant impuissante à régler d'une manière exacte et rigoureuse le moindre de ses mouvements. C'est pourquoi il faut à la locomotive le mécanicien, qui est, extérieurement à elle, le représentant de la divinité et manifeste la loi vivante qui lui permet, au moyen du manomètre, représentatif de cette loi, de régler le parcours de toutes les distances.

Croyez-vous que notre corps humain puisse se passer davantage de l'exercice permanent des lois qui le régissent ? En l'absence du suprême régulateur, on verrait dans ce corps tous les désordres, se substituant à l'admirable harmonie qui est en lui, faire surgir les cataclysmes précurseurs de la mort inévitable. Mais si les lois, qui toutes sont d'essence divine, se montrent indispensables à chacun des actes de la vie, peut-on ne pas reconnaître comme non moins indispensable celui qui est leur promoteur, et ne pas voir Dieu dans sa sublime et incomparable majesté, comme le souverain et nécessaire ordonnateur de la nature tout entière ?

— Ce que vous venez de me dire porte à la réflexion, on n'en peut disconvenir ; cependant, vous avez simplement affirmé l'existence de l'âme humaine, ce n'est point assez ; pour croire il faut voir, au moins par la pensée. De même vous affirmez l'existence de Dieu, mais personne, que je sache, ne nous a fait comprendre celui que l'on nomme l'incompréhensible, et comme vous ne me le ferez contempler sous aucune forme, j'aime tout autant conserver mes vieilles théories et vivre avec elles comme par le passé, sans vouloir m'aventurer à partager les vôtres.

— C'est précisément, vous vous en souvenez, parce que j'ai voulu vous expliquer le mécanisme de la pensée humaine, que je vous ai conduit ici. Or, pour vous expliquer ce mécanisme, il faut bien vous le faire voir, ce à quoi je m'engage. De même, je prends l'engagement de vous initier à la contemplation démontrée de celui que, dans toutes les langues, on salue comme l'être infiniment suprême. Aujourd'hui, séparons-nous et, si vous le voulez bien, prenons rendez-vous pour demain auprès de cette figure de l'âme humaine où nous continuerons le cours de nos investigations dans les vastes champs de la pensée.

— A demain donc, et puissiez-vous tenir vos promesses, ce dont je doute encore bien que je ne puisse vous cacher le curieux intérêt que vous commencez à faire naître dans mon esprit.

III

DIEU DANS SA CONSTITUTION

Les deux amis furent exacts au rendez-vous qu'ils s'étaient donné. Prenant le premier la parole, après

l'échange de politesses affectueuses , le philosophe
s'exprima en ces termes :

Le désir que vous semblez avoir de pénétrer dans les
mystères dont je voudrais vous dévoiler en partie les
profondeurs, m'engage à prendre une méthode correcte
pour être mieux compris de vous. Aussi, avant de vous
expliquer l'âme humaine, vais-je vous expliquer Dieu
dans son âme infinie, — l'âme divine, source de toutes
les existences, étant, comme nous allons le voir, la
somme unifiée de toutes les âmes de la nature.

Voulez-vous contempler Dieu dans une parcelle de
lui-même, dis-je à mon auditeur ? Il vous suffira d'élever vos regards vers le ciel pendant une nuit étoilée.
Ce que vous verrez, ce seront des astres innombrables
reliés les uns aux autres par leurs rayonnements res-
plendissants, et comme inscrustés dans les plaines
éthérées dont les prolongements, également parsemés
de radieux soleils, se poursuivent sans fin dans l'infini
des infinis. Tel est le Grand-Tout vivant, éternellement
animé, se confondant avec Dieu, car le Grand-Tout
c'est Dieu lui-même.

— La définition que vous donnez de Dieu va charmer
les panthéistes. Puisque, dites-vous, Dieu est en tout,
Dieu est partout, toute parcelle d'existence ou tout être
étant à Dieu, étant en Dieu, est également Dieu. De
telle sorte que, vous et moi, nous sommes Dieu chacun
à notre manière.

— Au premier abord, votre objection peut sembler
juste ; cependant elle est erronée, ainsi que vous l'allez
voir. Veuillez jeter les yeux sur votre propre corps, car
vous croyez plus volontiers ne vivre absolument qu'en
lui. Eh bien ! dans le corps humain, ne voyez-vous pas
des animaux de toutes grandeurs, en quantité innombrable, les uns gigantesques, comme le ténia s'il vit en lui,
les autres de moyenne grandeur, d'autres seulement visibles sous la lentille du microscope ? Direz-vous que
ces êtres animaux accompagnés de végétaux, qui composent avec nos atomes *notre tout corporel*, sont au-

tant de petits corps humains ou, si vous le préferez, autant de petites individualités humaines? Non assurément, mais vous reconnaîtrez que tous ces êtres, qui
vivent en notre corps, le composent cependant, en
même temps qu'ils conservent leur individualité propre.

N'en est-il pas de même du Grand-Tout divin, qui
absorbe tous les êtres de la nature, sans les confondre
avec lui, mais en les utilisant comme autant de fractions de son être? Supprimez donc par la pensée tous
les êtres de la création éternelle, et Dieu disparaît avec
eux comme disparaîtrait notre corps humain si, une à
une, on lui enlevait chacune des parcelles dont l'ensemble constitue le total de son organisation constitu-
tive.

— A vous entendre, Dieu est le tributaire de tous les
êtres qui sont en lui, puisqu'il ne peut subsister en leur
absence : que faites-vous donc alors du grand pouvoir
qu'on lui attribue, s'il est dépendant de toutes ses créa-
tures?

— Je pourrais vous répondre que ce sont précisément tous ces êtres, fractions intégrantes de lui-même,
qui composent par leurs innombrables variétés les sublimes propriétés dont Dieu est doué. Rappelez-vous
que toute unité, quelle qu'elle puisse être, ne subsiste
jamais que par les parties qui la composent. La pensée
divine elle-même ne peut se soustraire à cette loi générale de formation, et pour concevoir cette grande et sublime unité pensante, il ne faut la chercher nulle part
ailleurs que dans la somme intégrale des effluves fluidiques radiantes émanées de tous les êtres pensants,
servant à composer les éléments constitutifs des attributs et des facultés de la grande âme divine suprême.

— Assurément, si nous admettons l'existence de Dieu
telle que vous voulez la démontrer, il faut bien attribuer à ce grand être la pensée, sans laquelle il serait
nférieur à l'homme et même au plus chétif des animaux, puisque celui-ci, pour marcher à droite ou à

gauche, fait preuve de volonté, et que la volonté ex-
primée est un acte pensant. Mais avez-vous songé à ce
point très important, c'est que vous enlevez à Dieu son
libre-arbitre? Du moment où il reçoit de partout des
fractions de pensées s'imposant à lui, il n'a donc que la
pensée de tout le monde, sans pouvoir posséder la
sienne, ce qui détruit de fond en comble tout votre
système, si ingénieux soit-il.

— Il est facile de répondre à cette objection en vous
faisant remarquer que la somme collective des pensées
partielles radiantes ne fait que composer l'organisme
fluidique pensant, qui, lui-même, agissant alors à sa
manière, fait surgir la pensée divine entièrement indé-
pendante des vibrations pensantes partielles servant à
la constituer.

— Ceci, je veux bien l'admettre encore, mais, au total,
le splendide édifice par lequel vous prétendez représenter
la divinité, ne repose que sur le sable mouvant et il ne
faudrait qu'un faible souffle pour le renverser. C'est ce
que je compte faire demain, si vous voulez bien donner
suite à nos rendez-vous.

— A demain, lui répondis-je.

IV

DIEU DANS SA CONSTITUTION (SUITE)

Je ne me dissimulai pas, le lendemain, que j'aurais
à lutter plus que jamais contre les idées préconçues de
mon ami, souvent difficiles à vaincre, mais qui avaient
pour contre-poids sa bonne foi et sa grande sincérité.

Ce fut lui qui, le premier, voulut prendre la parole,
ainsi qu'il l'avait manifesté la veille; et, cette fois, se
sentant sûr de lui-même plus que de coutume, il s'exprima en ces termes:

— Vous avez exposé que Dieu était infini, ainsi qu'il
devrait l'être s'il avait une raison réelle d'existence.

1*

Mais, s'il est infini, il faut le considérer comme une sorte de fluide universel non organisé, s'opposant à ce qu'il manifeste la moindre pensée, puisque, d'après vous, pour avoir la faculté de penser il faut un organisme, et, du moment où il ne pense pas, il n'est rien en tant qu'être.

D'autre part, si votre Dieu est un être personnel, (doué des plus hautes perfections pensantes, je vous l'accorde,) il ne sera jamais qu'un Dieu fini, et, s'il manque de l'infinité qui doit le caractériser, il n'est pas Dieu. Pouvez-vous sortir de ce dilemme ?

— Mais il n'est rien de plus facile, et si je n'avais la solution que vous me refusez de pouvoir vous apporter, vous me l'eussiez enseignée vous-même. C'est-à-dire que vous avez deux fois raison : Dieu est en même temps fini et infini, et c'est pourquoi, étant personnel dans son infinité, il peut manifester partout la pensée organisée qui est en lui.

Oui, Dieu est personnel comme vous et moi, mais sa personne, au lieu d'être simple comme la nôtre, est infiniment multipliée par elle-même, ces personnes divines sans nombre présentant les unes par rapport aux autres toutes les grandeurs imaginables, agencées et enlacées les unes dans les autres de manière à occuper toutes les étendues, sans solution de continuité.

C'est ainsi que chaque être divin personnel, fidèle image du Grand-Tout divin, comportant en soi tous les éléments du Dieu fini, gouverne tout ce qui est en lui avec la rectitude mathématique qui est le sublime élément de sa divinité ; et comme la personne divine est partout, en raison de son infinie multiplicité, Dieu donc est partout pour régir de son intelligence et de son amour l'infini des infinis.

— Votre démonstration est très rigoureuse, je n'en saurais disconvenir, mais vous nous ramenez peut-être, sans vous en douter, au polythéisme des temps anciens ; le Dieu que vous nous montrez n'est plus le Dieu de Moïse, le Dieu unique, puisqu'il serait infiniment multiple, aussi innombrable que notre imagination voudrait se le représenter.

— Ici, vous êtes dans l'erreur, ainsi que vous l'allez voir : l'unité divine est conservée partout, en raison de sa propre organisation admirable et de sa nature infiniment communicative.

Concevez des personnes divines en nombre aussi considérable que vous le voudrez, enveloppées par une autre, incommensurable par rapport à elles. Celle-ci, vous la concevrez aussi multiple que les précédentes et pareillement comprise, avec ses congénères, en une autre personne divine qui les renferme toutes. Si vous répétez le même agencement à l'infini, vous verrez toujours une seule unité personnelle divine comprendre en soi toutes celles que votre imagination aura pu lui apporter, de telle sorte qu'au sommet de la hiérarchie divine que l'on compose, c'est toujours une seule unité qui réside. Disons donc que si la pensée pouvait aborder jusqu'au sommet de l'infiniment grand, elle ne verrait jamais qu'une seule personne divine pour occuper et embrasser le Grand-Tout divin.

Et, de plus, si l'on considère chaque personne divine en elle-même, dans son immense firmament qui est son être animique divin, tous les êtres qui habitent en ce firmament et en occupent les astres ne voient jamais dans cette âme divine qu'un seul Dieu, unique régulateur souverain de toutes leurs existences, tandis que cette personne divine est en communication fluidique avec l'infiniment grand divin.

Enfin, toutes les personnes divines, intimement reliées entre elles par leurs radiations communicatives, vivent de la même vie, de la même pensée, d'après les mêmes lois qui les font subsister, comme elles répandent les mêmes lois au profit de tous les êtres dont elles gouvernent les existences.

— Eh bien ! mon ami, je m'avoue vaincu et je vous rends les armes ; je comprends Dieu ainsi que vous venez de me l'expliquer et je n'ai plus à nier son exis-

tence. Je le comprends, du moment où il n'est plus
une vaine abstraction, du moment où il est saisissable
et tangible aux regards de ma pensée et que je vois
son action s'exercer en répandant ses lois dirigeantes
sur tous les éléments de la nature.

Ce n'est pas seulement Dieu que vous aviez à me
démontrer, c'est encore l'âme humaine ; demain donc,
ce sera avec un nouvel intérêt que je me rendrai auprès
de vous.

V

L'AME HUMAINE

— C'est une belle et magnifique étude que celle de
l'âme humaine, dis-je en arrivant près de mon ami,
qui avait devancé l'heure de notre rendez-vous, dans
son impatience d'entendre la démonstration que je lui
avais promise.

— Oui, mais quelle difficulté vous aurez à vaincre
pour me faire voir l'invisible et donner une forme à ce
que vous n'avez jamais vu assurément se dessiner sous
vos regards ni fonctionner dans son organisme pensant !

— Rassurez-vous, dis-je à mon tour, je vous ferai
admettre, je l'espère, des choses qui vont vous sembler
bien extraordinaires ; il ne s'agit plus que de vous y
habituer peu à peu, et ce qui d'abord vous aura sem-
blé impossible vous paraîtra ensuite tout naturel.

Vous connaissez déjà la constitution de l'âme personnelle divine, qui est un firmament circonscrit de
toutes parts, qui est un grand assemblage d'astres.
Vous avez compris la production des pensées partielles
radiantes servant à former les attributs pensants de la
grande âme qui était l'objet de nos investigations.

Eh bien ! chaque âme humaine, fraction de la grande
âme de Dieu infini ou, si vous le préférez, de la per-

sonne divine finie au sein de laquelle nous vivons, chaque âme humaine est également construite par un petit firmament partiel, c'est-à-dire par des astres innombrables lui apportant les effluves des radiations pensantes partielles qui composent l'organisme fluidique de sa pensée totale.

En conséquence, notre petite âme humaine doit se présenter à vos regards sous l'aspect d'un firmament minuscule comprenant des astres, soleils, comètes, planètes sans nombre, analogues à ceux que nous voyons briller tout autour de nous dans les cieux.

J'achevais de parler, cherchant à me rendre compte si j'avais été compris de mon cher auditeur ; mais soudain je le vis se rapprocher de moi, le visage animé, comme s'il eût été sous le coup d'une émotion subite.

— Ce que je viens d'entendre est-il bien sérieux, dit-il ? Eh quoi ! vous me dites maintenant que j'ai une âme formée par un firmament et, afin que je ne puisse m'y méprendre, vous ajoutez qu'il renferme des soleils, des comètes, des planètes et probablement des humanités, ce que vous n'avez pas osé ajouter, ayant pensé assurément que la dose était assez forte ainsi. J'ai accepté vos firmaments divins, me direz-vous, mais parce que je les ai vus tous d'une incommensurable grandeur. Du moment où vous voulez réduire si fort ces firmaments, de manière à ce que je puisse les contenir dans le creux de ma main, comment voulez-vous que je puisse jamais croire à de telles chimères ?

— Vous m'étonnez étrangement, mon ami, et j'avais plus de confiance dans votre sagesse que vous n'en avez eu dans mon jugement, car, je puis le dire, vous avez conquis toutes mes sympathies. Mais, au lieu de laisser vagabonder votre imagination, faites plutôt appel à votre raison et vous verrez bientôt qu'il est sage de réfléchir avant de décréter impossible ce que l'on n'a pas suffisamment examiné avec l'esprit de pondération.

Ce qui vous étonne à tel point que vous en croyez

l'existence impossible, je vais vous le faire comprendre dans toute sa simplicité réelle en vous démontrant que toutes les grandeurs, les plus immenses comme les plus petites, ne sont jamais que relatives et qu'elles dépendent de nos appréciations, basées elles-mêmes sur la construction de nos propres organes et sur la nature particulière de la matière qui les compose.

De nos jours, la science, qui, cependant, a soupçonné à bon droit l'existence des atomes de la matière, la science, dis-je, s'imagine qu'ils sont tous de même dimension, tandis qu'il faut lés voir formant des grandeurs consécutives, de manière à composer la matière au moyen de tissus dont les mailles sont très différentes les unes des autres dans leur ampleur.

Mais les êtres qui sont construits dans leur matière avec ces grandeurs d'atomes si différentes, se voient cependant les uns et les autres sous une stature sensiblement égale.

Supposez, pour un instant, que tous les atomes, qui composent la matière de notre organisme corporel se trouvent instantanément réduits, par exemple, à une grandeur un milliard de fois plus petite, et que les atomes de toute la matière qui nous environne extérieurement aient subi la même réduction atomique, il est certain que nous ne nous en apercevrions pas et que les divers aspects de la nature n'auraient absolument rien de changé pour nous.

Pour la même raison, que nos atomes corporels prennent une vaste amplitude, et, quoique considérablement agrandis en notre organisme, nous ne nous en apercevrions pas davantage si, également, la matière environnante avait subi les mêmes transformations.

Quoi de plus simple alors que la réduction considérable des atomes constitutifs des astres de notre petit firmament animique! Et l'on comprendra que les êtres humains qui les habitent, ayant subi d'immenses réductions dans leur stature, voient ces mêmes astres aussi considérables que nous voyons les nôtres et qu'ils les comptent innombrables et relativement aussi distants les uns des autres que ceux de notre ciel.

Comment alors pouvez-vous refuser à notre petite âme humaine le même principe de formation firmamentaire que celui que vous avez reconnu à l'âme divine ?

Comme tous les sceptiques, mon ami, vous avez nié d'abord avant d'avoir examiné, et, en cela, il faut bien le reconnaître, vous avez agi comme le plus grand nombre des hommes.

VI

CONSTITUTION DE L'AME HUMAINE

Le lendemain, plus graves et plus recueillis, nous nous retrouvâmes à l'heure accoutumée. Il s'agissait alors, non plus de déterminer l'existence fondamentale de l'âme humaine, mais de la décrire dans son organisation intime et de la rendre visible et fonctionnante aux regards de la pensée.

Un peu corrigé de son scepticisme, mon contradicteur avait acquis plus de patience et semblait attendre avec quelque confiance l'exposé que j'allais lui faire.

— La figure que vous voyez, lui dis-je en lui faisant remarquer la tête en bas relief, avec ses rayons, qui, tout d'abord, avait attiré son attention, cette figure vous donne bien l'aspect extérieur de l'âme humaine, car, si vous vous représentez cette âme vivant par elle-même indépendamment du corps, ne faut-il pas qu'elle puisse vivre de la vie extérieure et communiquer avec les autres âmes ses semblables ?

C'est pourquoi elle doit être douée, aussi bien que l'être corporel humain, de tous les sens au moyen desquels elle est susceptible de ressentir les impressions venant de l'extérieur. Pourriez-vous comprendre cette âme autrement ?

— On ne peut rien objecter à ce que vous venez de dire, car si l'âme ne voit pas ce qui se passe autour d'elle, elle est incapable d'apprécier les actes des autres âmes et les différents phénomè s de la nature. Mais afin de jouir de la vision ous me direz qu'il faut des organes appropriés pour la produire; vous me direz encore que les mêmes organes, qui sont si merveilleusement appropriés au corps, peuvent l'être tout aussi bien à l'organisme animique. Tout cela, je vous l'accorde, mais non sans certaines restrictions que je ferai valoir un peu plus tard.

— Puisque vous reconnaissez que la vue est indispensable à l'âme humaine et que le mécanisme qui la produit est semblable à celui du corps, rien ne s'oppose à ce que vous lui voyiez deux yeux semblables aux vôtres. L'ouïe lui étant non moins nécessaire pour entendre ce qui se passe autour d'elle, vous admettrez assurément qu'elle possède le mécanisme si ingénieux de l'audition. Comme également il lui faut le fonctionnement de la voix pour se faire entendre, c'est-à-dire le *sens vocal*, que vous accepterez comme un sixième sens s'ajoutant aux cinq que nous possédons. De même, l'âme ne pouvant être plus insensible que le corps aux impressions extérieures qui viennent l'atteindre, jouit nécessairement du sens tactile, ou du toucher. Enfin, vous ne pouvez la priver non plus de la perception des odeurs qui lui devient réalisable au moyen du sens de l'odorat.

— La jouissance de tous ces sens me semble logique, mais comme l'être animique n'a nul besoin de se nourrir, ce me semble, je ne vois pas trop à quoi pourrait lui servir le sens du goût.

— Si l'âme ne s'alimente pas de notre nourriture grossière, croyez-vous que, pour subsister et croître, une nourriture particulière, nourriture gazéiforme qu'elle puise pour la respiration, ne lui soit nécessaire ? Si vous attribuez au sens du goût un fonctionnement très secondaire en cette circonstance, du moins vous

serez amené à reconnaître son existence nécessaire pour
impressionner le sens du goût corporel. Celui-ci, par
lui-même, serait entièrement inerte, si ce même sens
n'existait dans l'âme, dont le *moi* seul peut recueillir
les sensations ; car, vous l'admettez bien, le corps ne
perçoit rien qui ne soit d'abord perçu par l'âme.

Non seulement l'âme humaine est en possession de
tous les sens, mais ceux-ci conduisent à lui donner la
configuration tout entière de la tête corporelle, ainsique
vous la voyez en tout être humain suivant son sexe. Mais
là s'arrête le domaine organique de cette âme vue en dehors de tout corps. Les rayonnements puissants qui sont
autour d'elle, et dont je vous démontrerai l'existence
nécessaire, lui tiennent lieu de membres corporels, dont
elle n'aurait que faire, ces rayonnements lui permettant de se transporter librement à distance. Ce sont,
en quelque sorte, ses ailes fluidiques, de même qu'on
pourrait dire qu'ils lui servent de mains douées d'une
grande puissance et de la plus-merveilleuse agilité.

Pour animer le corps humain auquel elle est unie,
l'âme pénètre nécessairement la tête corporelle ; c'est
ensuite au moyen de ses radiations ou, du moins, d'une
partie d'entre elles qu'elle agit sur le corps et lui donne
toute son animation.

— Je vous ai laissé développer sans vous contredire
votre belle théorie sur la configuration extérieure de
l'âme : mais comment procédez-vous pour construire
un tel organisme avec de l'invisible, si l'on peut s'exprimer ainsi, avec une matière qui est un rêve de
l'imagination et non une réalité ?

VII

CONSTITUTION DE L'AME HUMAINE (SUITE)

— Ce qui vous préoccupe en ce moment, dis-je à
mon interlocuteur, c'est de savoir comment l'âme hu-

maine, qui fait l'objet de cet entretien, peut être constituée par une matière invisible qui, malgré son insondable ténuité, puisse être susceptible, cependant, de composer un organisme relativement résistant.

Quand vous jetez vos regards sur les nuages qui planent au-dessus de nos têtes, ne voyez-vous pas comme des montagnes offrant des résistances les unes par rapport aux autres, suivant que les couches vaporeuses qui les composent sont plus ou moins condensées ? Et, cependant, les voyageurs aériens qui les traversent en ballon ne s'aperçoivent guère des obstacles qu'ils rencontrent.

Considérez notre petit cerveau animique humain sous un aspect analogue. Voyez en lui par la pensée de semblables montagnes nuageuses, lesquelles, au lieu d'être mouvantes, ont au contraire une grande fixité. Reconnaissez à cette *petite masse* gazéiforme invisible des résistances différentes dans sa matière composante, et vous aurez tout ce qu'il faudra pour construire tout un cerveau animique analogue à notre cerveau corporel.

— Admettons tout ce que vous venez de dire. Mais comment expliquer qu'avec une telle matière vous allez composer un crâne, une masse cérébrale et même des liquides, comme le sang, si vous voulez que ce cerveau de l'âme ressemble à celui du corps ?

— Cette explication n'a rien d'impossible, du moment où l'on considère que les résistances de ces diverses matières conservent les unes par rapport aux autres les mêmes différences que celles du cerveau corporel. Rien de plus facile alors que de voir une boîte crânienne relativement osseuse, puis une masse cérébrale à travers laquelle circulent des courants sanguins. Tout cet ensemble, que vous ne pouvez voir, est parfaitement visible et compréhensible aux regards de votre âme ; d'autant plus que les lois qui se rapportent à ce milieu sont plus en rapport que les nôtres avec les exigences de cet ordre de vie.

— Fort bien, mais nous en direz-vous plus que les anatomistes n'en savent sur le cerveau corporel? Ils nous décrivent minutieusement des organes très curieux, mais ils se demandent encore quelle est la véritable fonction de chacun d'eux. Prétendez-vous leur enseigner ce que leurs longues veilles d'observations n'ont pu encore leur faire découvrir, vous qui, peut-être, n'avez jamais touché à un scalpel?

— Je vous répondrai, sur cette très délicate question, que pour pouvoir décrire rigoureusement le cerveau animique, ou le cerveau corporel, il faut être simultanément anatomiste et philosophe. Au philosophe il doit appartenir de connaître le principe anatomique des facultés pensantes proprement dites ; et, pour cela, il les étudie d'après la loi *de série naturelle* dont elles représentent une des fractions, fraction de la grande série générale du Grand-Tout. C'est à cette série des facultés pensantes, basée elle-même sur les rapprochements analogiques qui la composent. c'est à cette série qu'il appartient de régler l'anatomie des organes cérébraux, laissant à l'expérimentation le soin d'en vérifier l'exactitude.

Le savant anatomiste ne peut donc assigner de fonctions pensantes à ces organes de la pensée qu'autant qu'il sera renseigné lui-même sur l'existence de ces facultés ; c'est pourquoi les expériences qu'il peut faire ne lui apprendront rien s'il ne peut les appliquer à des facultés pensantes qui lui soient entièrement connues.

— Eh bien! si vous avez formé la série des facultés de l'âme, si d'autre part, vous avez fait l'étude anatomique des organes cérébraux, il doit être d'un très grand intérêt de faire connaître dans chaque organe cérébral la faculté qui lui correspond et de laquelle il est en quelque sorte l'habitacle.

— Si cet exposé, un peu sérieux, sollicite votre curiosité, je suis prêt à vous le donner, et il sera plus facile ensuite de vous faire comprendre le mécanisme de la pensée quand vous serez bien pénétré de la forme de l'instrument qui la réalise.

VIII

ANATOMIE DE L'AME

— Pour faire comprendre l'étude anatomique de l'âme humaine, nous envisagerons celle du cerveau corporel, puisque les deux cerveaux sont approximativement les mêmes ; et c'est ainsi que nous demeurerons constamment dans le domaine du visible. Quoique ce sujet soit un peu aride, ne vous en effrayez point ; nous allons essayer de le dégager de sa forme abstraite pour le rendre plus saisissable.

Chacun, n'est-ce pas ? possède une notion plus ou moins approximative du cerveau, puisque souvent celui des animaux de boucherie est tombé sous nos regards, et, déjà, il y a des rapports très voisins entre le cerveau de ces animaux supérieurs et celui de l'homme.

D'abord, l'organisme cérébral se partage en deux fractions dont chacune représente pour sa part un cerveau particulier : l'une est le cerveau proprement dit, l'autre est le *cervelet*, qui est un cerveau minuscule. Même dans le domaine organique de l'être animique, ces deux fractions se rencontrent pour donner asile à deux âmes dans la même âme.

— C'est une idée des plus singulières que vous venez d'émettre ; vous me dites que l'âme est double ? Comment admettre une telle idée, qui me semble bien plus fantaisiste que réelle ; car, pour penser, nous n'avons que faire de deux âmes, ce me semble ?

— Eh bien ! ne vous en déplaise, c'est précisément pour penser tout à notre aise que la présence de ces deux âmes nous est nécessaire.

— S'il vous faut deux âmes à la fois pour penser,

l'une peut vouloir ce qui est à droite, l'autre peut vouloir ce qui est à gauche. Vos deux âmes risquent bien de ne pas être souvent d'accord l'une avec l'autre. Vous n'avez donc pas réfléchi à cet inconvénient ?

— Votre objection ne serait pas sans valeur si les deux âmes en question étaient de même nature et appelées l'une et l'autre au même ordre de fonctions. Mais il en est autrement. L'une d'elles s'occupe tout spécialement du travail de la pensée ; c'est l'âme spécialement pensante, nommée *âme rectrice*, représentative de l'être individuel lui-même dans sa propre essence constituante. Cette âme a pour résidence le cerveau, tandis que l'autre âme, très secondaire par rapport à la première, et qui est logée dans le cervelet, se contente de faire mouvoir le mécanisme de la vie animique, ou le corps de l'âme, ce qui revient au même ; c'est pourquoi elle prend le nom *d'âme corporelle animique*. A défaut de cette âme corporelle, l'âme rectrice, constamment occupée par les fonctions mécaniques de la vie du domaine animique tout entier, n'aurait aucun loisir pour s'adonner en toute plénitude au travail proprement dit de la pensée.

D'ailleurs, ainsi que vous le verrez bientôt, chacune de ces âmes possède les organes spécialement appropriés à l'exercice de ses attributions particulières.

— Cette conception, soit dit entre nous, me semble bien étrange, mais acceptons-là jusqu'à ce qu'elle nous soit plus amplement démontrée.

— Ce qui va contribuer à vous faire adopter cette dualité animique, c'est que, dans chacune de ces âmes, vous retrouverez les mêmes principes organiques prédisposés de part et d'autre de la même manière. Ainsi, voyez d'abord le cerveau corporel, qui est notre point d'appui pour découvrir le cerveau animique ; vous trouverez en lui trois divisions fondamentales, qui sont : 1° les trois méninges, ou enveloppes cérébrales ; 2° les hémisphères cérébraux, ou circonvolutions cérébrales ; 3° ce que nous nommons le *centre psychique*, ou l'assemblage des organes que nous reconnaîtrons comme étant ceux de la pensée elle-même.

Le cervelet, quoique se montrant sous un volume beaucoup plus petit, et sous un aspect différent, renferme cependant les trois mêmes principes que le cerveau. Il comprend de même : 1° les trois enveloppes dites méninges cérébelleuses, qui, d'ailleurs, sont le prolongement des méninges cérébrales ; 2° des hémisphères particuliers ; 3° un centre psychique qui lui est tout spécial. De tels rapprochements ne vous suffisent-ils pas pour reconnaître le siège de deux âmes différentes dans ces deux fractions de l'organisme général ?

— Votre démonstration me semble concluante, mais j'attends la suite de vos descriptions anatomiques pour me former des convictions mieux assises.

— C'est d'abord sur le cerveau de l'âme que nous allons jeter un rapide regard, c'est-à-dire sur les méninges, sur les circonvolutions et sur le centre psychique.

Si l'être animique avait à redouter les mêmes dangers de destruction que le cerveau corporel, il aurait besoin de mêmes enveloppes protectrices, mais l'indestructibilité de l'âme les rend inutiles. C'est pourquoi elles adoptent une autre forme en rapport avec les fonctions qui leur sont attribuées, fonctions annexes des travaux de la pensée, ainsi que vous le verrez un peu plus tard.

Les hémisphères cérébraux, ou circonvolutions cérébrales, se partagent ici comme dans le cerveau corporel en deux lobes reposant sur la voûte qui leur sert d'assise commune. Ces hémisphères remplissent un rôle très important, qui consiste à emmagasiner les fluides, nommés *fluides psychiques*, destinés au fonctionnement de la pensée. Ils composent ainsi des *réservoirs accumulateurs* spéciaux où chaque faculté pensante vient s'alimenter des fluides qui lui sont nécessaires, au fur et à mesure qu'elle les dépense dans l'exercice de son fonctionnement. A défaut de ces réservoirs d'alimentation, la faculté qui aurait consommé toute sa provision de fluides vibratoires, ne pourrait plus continuer à s'exercer. Que deviendrait l'orateur ayant épuisé certains fluides psychiques qu'il ne pourrait remplacer par d'autres ? La pensée se trouverait suspendue en lui et il ne pourrait continuer son discours.

Ce qui confirme la réalité de ce principe, c'est que l'on retrouve sur les circonvolutions du cerveau corporel, ces réservoirs de fluide correspondant aux diverses facultés pensantes. Des expériences, pour nous concluantes, ont fait voir que la disparition de ces réservoirs accumulateurs donnait lieu à l'annihilation de l'organe qu'ils alimentent, ce qui doit être, du moment où cet organe n'est plus pourvu du courant psychique qui l'animait. Ainsi, on a constaté que la suppression de certaines régions homologues sur les circonvolutions, régions où s'accumulent les fluides générateurs de la vision, on a constaté que cette suppression amenait immédiatement la cécité, sans que, pour cela, l'organe cérébral interne eût reçu la moindre lésion. Et, de plus, ce qui existe pour le cerveau corporel existe à plus forte raison pour le cerveau animique, qui est son générateur.

— Ce que vous venez de m'exposer est d'un très grand intérêt, seulement croyez-vous que vous donnerez satisfaction aux anatomistes ? Vous dites que les circonvolutions sont sillonnées par des réservoirs accumulateurs de fluides, mais qu'est-ce qui le prouve ? Est-ce que la pensée ne peut pas se produire indépendamment de ces fluides psychiques dont vous êtes l'inventeur ? Dans ce cas, votre démonstration s'anéantirait d'elle-même.

— Je vous répondrai d'abord qu'il n'est pas un seul acte pensant qui ne soit le produit de commotions vibratoires. Si vous vous mettez fortement en colère n'êtes-vous pas vibrant dans votre être tout entier ? Une émotion vive ne vous fait-elle pas éprouver des effets analogues ? Comment pouvez-vous vibrer ainsi, si ce n'est parce que des fluides particuliers déterminent en vous cette manière d'être ? Toute vibration qui s'exerce sur un certain parcours décèle l'existence de l'élément fluidique qui la produit. Si donc votre pensée est vibrante par nature, c'est que ce sont des fluides qui la font vibrer. Pourquoi chercher une autre explication à un phénomène qui se fait voir sous un aspect si simple et qui, d'ailleurs, ne pourrait se produire autrement ?

Et, de plus, puisque nos facultés pensantes n'ont pas un écoulement régulier, puisqu'il en est qui ne se manifestent parfois qu'à de rares intervalles, quoi de plus logique que de reconnaître l'existence de réservoirs accumulateurs de fluides psychiques se tenant disponibles pour les facultés qui les utilisent au moment de leur exercice. Et comme la nature est toujours économe de ressorts, elle dispose les choses de telle sorte que ces précieux fluides ne puissent être dépensés en pure perte, ce qui ne pourrait être si ceux-ci n'étaient conservés dans des réservoirs spéciaux qui les resserrent.

— Maintenant, je comprends votre démonstration, et je me rends aux raisons déterminantes que vous venez de m'apporter.

— Ainsi que nous venons de l'établir, le travail de la pensée ne se produit pas dans les circonvolutions cérébrales, bien qu'elles y apportent effectivement leur concours ; ce travail s'opère spécialement dans le centre psychique, situé dans la région la plus profonde du cerveau de l'âme.

Celui-ci se compose d'un mécanisme formé d'organes particuliers servant, chacun, à localiser une faculté pensante spéciale, en même temps que tous ces divers organes sont reliés par des processus nerveux les faisant communiquer les uns avec les autres.

Pour décrire les organes du centre psychique, il faut connaître d'abord les facultés pensantes, dont je vais vous donner la nomenclature la plus sommaire et dont le nombre correspond à celui des organes qui les localisent.

Il est trois séries d'organes, correspondant à trois séries de facultés : organes des facultés des sens, organes des facultés affectives, organes des facultés de l'intelligence [1].

Les sens forment trois groupes ternaires, étant au nombre de neuf, contrairement à l'opinion générale qui n'en compte que cinq. Les neuf sens sont localisés en neuf organes dont cinq se trouvent réunis dans les deux lobes connus sous le nom assez malencontreux de couches optiques, et se présentent sous la forme de noyaux intérieurs, ainsi que vous l'indique la figure 1 (voir ci-après). Le noyau 1 représente l'organe du goût ; le noyau 2, l'organe de l'odorat ; le noyau 3, l'organe du toucher, le noyau 4, l'organe de l'ouïe ; le noyau 5, l'organe de la vue.

Le sens de la voix, extérieur aux couches optiques, est figuré par le corps géniculé, 6 (Voyez figure 2) ; le sens de l'étendue, par le trou borgne, 7 — le sens de

---

[1] *Note de l'auteur* : Les figures représentatives du cerveau animique et qui sont en même temps celles du cerveau corporel, ont été empruntées à L'ANATOMIE DESCRIPTIVE de M. le Dr Fort; nous les devons à l'obligeance de leur auteur. Mais nous prenons sous notre responsabilité les modifications qui ont dû êtres apportées à l'une d'elles, où les *cornes d'amon* n'occupent pas leur position normale. Mieux valait cependant franchir cet obstacle avec les restrictions que nous faisons, et réunir sous les yeux du lecteur tout l'ensemble des organes des facultés pensantes répartis en trois figures.

Dans ces trois figures, les organes collectifs des facultés sont représentés par leurs lettres initiales, pour tous les organes des facultés quelconques.

Des chiffres arabes indiquent particulièrement les organes des sens ; des lettres majuscules, les organes affectifs ; des chiffres romains, les organes intellectifs.

Des lettres doubles, une majuscule et une minuscule, désignent les organes indépendants. ou de répercussion.

Les mêmes lettres doubles, soit minuscules, soit majuscules, déterminent un siège animique.

la durée, par le corps frangé, 8 — le sens du nombre ou du calcul, par le corps godroné, 9.

(Fig. 1) *

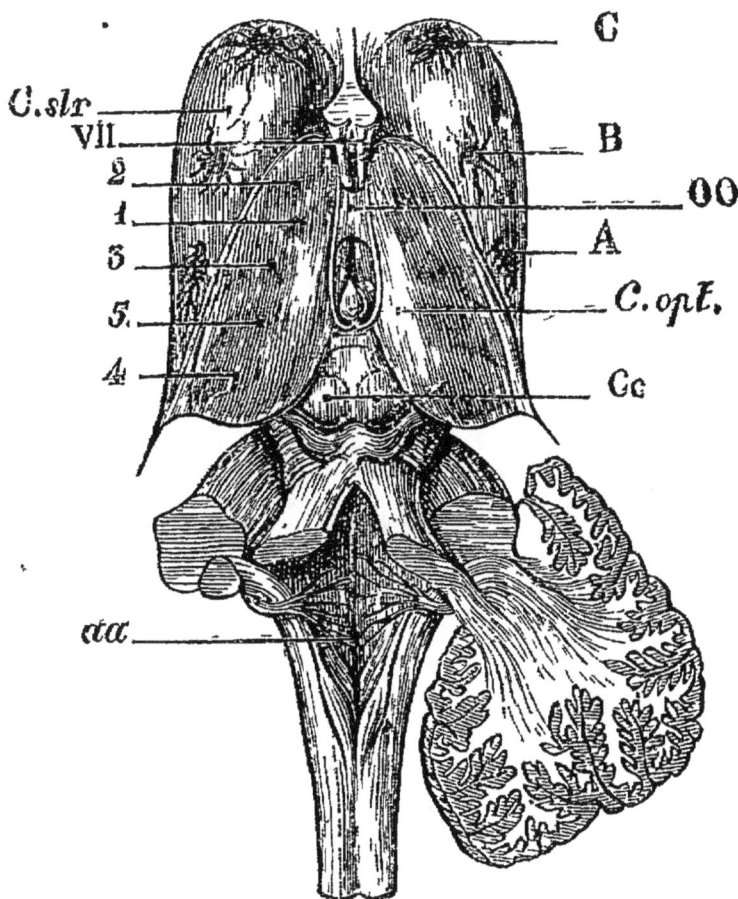

Les facultés affectives comprennent d'abord trois
volontés localisées dans le corps strié (fig. 1) et parta-
gées en trois noyaux dans chacun des deux lobes de
cet organe. A la base de ces lobes se trouve le
noyau A de *la volonté motrice*, volonté qui accomplit

(Fig. 2) *

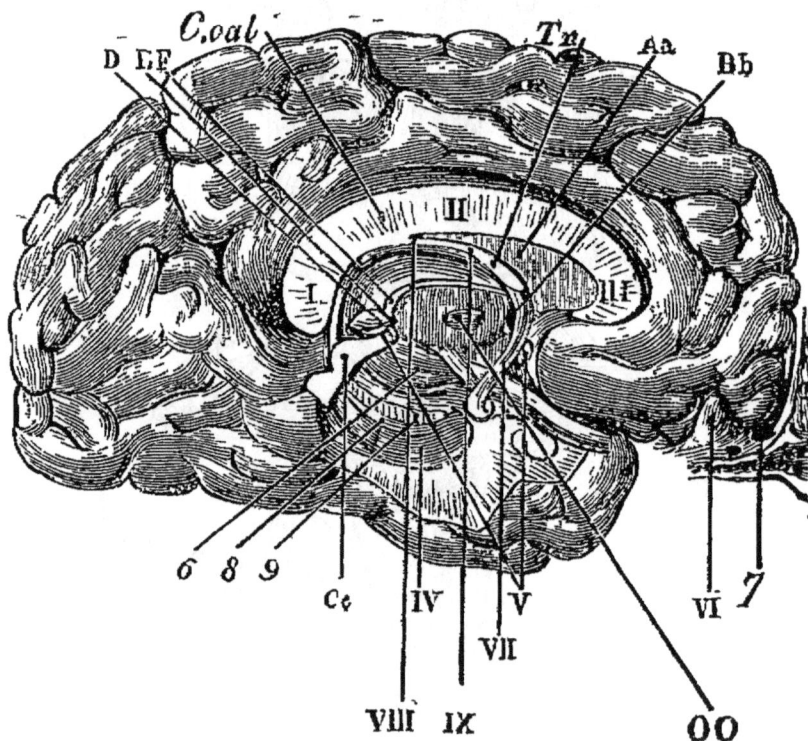

* Suite des organes des sens. — 6, corps géniculés, organes
de la voix. — 7, trou borgne, org. de l'étendue. — 8, corps
frangé, org. de la durée. — 9, corps godroné, org. du nombre.
Suite des organes affectifs. — Con. Conarium et ses annexes. — D, pédoncule inférieur, org. de la sensibilité. —E,
pédoncule transverse, org. du sentiment. — F, pédoncule supérieur, organe des qualités.
Organes intellectifs. —C. Cal. corps calleux, org. générale de

les ordres de l'âme pour faire mouvoir les divers organes. Le noyau B est l'organe des volontés pensantes proprement dites, comprenant : la volonté impérative, la volonté morale et la volonté réfléchie ; le noyau C appartient à la volonté divitaire, volonté qui accomplit un rôle transcendant quand il s'agit d'aider l'âme dans les mouvements sublimes qui sont déterminés par les plus grands sacrifices dont elle est susceptible.

L'amour, considéré dans sa généralité et qui est exprimé par la sensibilité, les sentiments et les qualités, a pour organe le conarium ou glande pinéale et ses annexes (Voy. fig. 2). En sa qualité d'organe essentiellement moteur, puisque l'amour est la grande puissance motrice de l'âme tout entière, cette grande faculté a besoin d'un réservoir supplémentaire de fluides qui soit constamment à sa portée. Ce réservoir c'est le conarium, qui alimente les trois facultés principales de l'amour. La première de ces trois facultés, la sensibilité, a pour organe le pédoncule inférieur D, qui supporte le conarium, avec deux autres pédoncules, le pédoncule transverse E, organe des sentiments, et le pédoncule supérieur F, organe des qualités.

La conscience, qui est la qualité générale supérieure et régulatrice des facultés affectives, se manifeste par trois facultés (figure 3) : la vérité, ayant pour organe les tubercules mamillaires, G ; la justice, localisée dans l'organe tuber-cinereum H ; puis le devoir, dans l'organe qui est le corps pituitaire I.

l'entendement. — I, bourrelet du corps calleux, org. de la perception. — II, calleux moyen, org. du sens commun. — III, genou du corps calleux, org. de l'expérience. *Organes de l'idée.* — IV, cornes d'Amon, org. de la mémoire. — V, commissures antérieure et postérieure, org. de la studiosité. — VI, corps ailé (Crista-galli), org. de l'imagination — *Organe de la réflexion*, Tr, trigone — VII, piliers, org. de la méditation. — VIII, ressort pondérateur, org. de la pondération. — IX, voûte du trigone, org. de la raison. *Organes indépendants ou de répercussion.* — A a, septum lucidum. — B b, trou de monro. — C c, tubercule quadrijumeau supérieur. — Siège animique. — O o commissure centrale, siège de l'âme rectrice.

Les facultés intellectives se partagent également d'une manière ternaire, embrassant l'entendement, l'idée et la réflexion, chacune d'elles comportant ses divisions particulières.

L'entendement, représenté par un organe général, le corps calleux (fig. 2), se partage en trois grandes sections : la perception, localisée dans le bourrelet du corps calleux, I ; le sens-commun, dans le calleux moyen, II ; l'expérience, dans le genou du corps calleux, III.

(FIG. 3)*

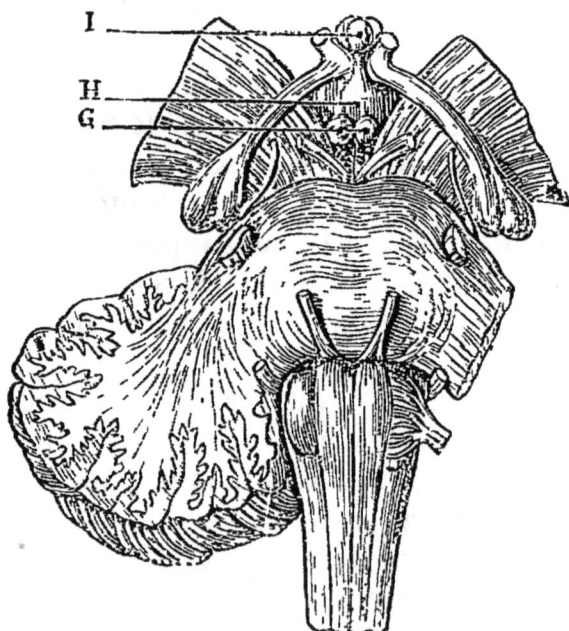

L'idée, qui se compose de la mémoire, de la studiosité et de l'imagination, fonctionne au moyen de trois organes séparés les uns des autres. La mémoire a pour

* SUITE DES ORGANES AFFECTIFS. Organes de la conscience. — G. tubercules mamillaires, org. de la vérité. — H tuber cinereum, org. de la justice; I, corps pituitaire, org. du devoir.

organes d'élaboration les cornes d'Amon, IV — la studiosité se sert des deux commissures antérieure et postérieure, V — puis l'imagination, du corps ailé, (Crista-
galli), VI.

Enfin, la réflexion est desservie par un organe qui se
fractionne en trois parties : le trigone. Les piliers du
trigone, VII, sont l'organe agissant de la méditation.
Le ressort pondérateur, VIII, qui suspend ce trigone
au corps calleux, est l'instrument de la pondération ;
enfin, la voûte du trigone, IX, est l'organe spécial à la
raison.

A ces organes des sens, des facultés affectives et des
facultés intellectives, s'ajoutent trois organes appartenant aux facultés dites indépendantes. Ce sont le septum lucidum, A a, qui est l'instrument vibratoire de
toutes les sensations venues de l'extérieur ; le trou de
Monro B b, qui est l'oreille privée de l'âme ; et le tubercule quadrijumeau supérieur, C c, qui en compose
la vue interne.

Dans le cervelet, se trouve situé le calamus scriptorius, a a, où réside le moi de l'âme corporelle animique. (Voy. fig. 1).

Enfin, au-dessus de tous ces organes, se montre, dans
le cerveau, la *Commisure Centrale*, o o, (fig. 2) l'organe
le plus important entre tous, car il est le siège du *moi
animique*, ou la demeure privée du sens intime. Par sa
position admirable au centre du domaine animique, il
rayonne dans le firmament tout entier, au sein duquel
il envoie ses radiations puissantes.

IX

DE L'AME RECTRICE HUMAINE

— Combien, mon cher auditeur, j'ai exercé longuement votre patiente attention dans cet exposé de l'ana-

tomie du corps de l'âme ! Mais comment vous expliquer
le travail de la pensée si vous n'en connaissez
d'abord le mécanisme organique ? Maintenant, nous
devons sortir du domaine un peu froid de cette anatomie,
pour nous élever vers des régions plus empreintes de
poésie, car c'est dans le firmament de l'âme que nous
devons nous transporter pour découvrir en lui les éléments réels des facultés pensantes, dont chacune est, en
quelque sorte, l'âme partielle de l'organe qu'elle anime.

— Certes ! je vous prêterai volontiers mon attention
pour les démonstrations que vous m'annoncez, cependant je vous avoue qu'il me sera difficile de vous suivre
dans la description du firmament de l'âme humaine, qui
non seulement est tellement limité qu'il tiendrait tout
entier dans mon chapeau, mais qui encore est entièrement invisible. Pour bien comprendre les choses il faut
pouvoir se les représenter d'une certaine manière, ou
bien elles nous échappent entièrement. Ou alors on serait dans la situation peu enviable de celui qui, devant épouser sa fiancée, ne connaîtrait absolument
rien de sa personne et se demanderait vainement si
elle est belle ou laide, grande ou petite, bonne ou
méchante. Pour avoir son portrait que ne donnerait-il
pas ? — Comme ce fiancé malheureux, je vous demande le portrait de votre âme invisible, renonçant à
la faire épouser à ma pensée si vous me refusez cette
modeste satisfaction.

— Vos justes et légitimes désirs ont été prévus et
nous allons essayer de les satisfaire. Vous pourrez contempler cette âme que vous appelez l'invisible, et vous
la verrez si grande qu'elle vous effraiera par son immensité. Rien de plus simple que de vous en donner le
grossissement au moyen du télescope de la pensée ;
vous agrandirez mentalement le firmament de la petite
âme humaine sur laquelle avait été attirée votre attention, lui donnant les mêmes dimensions que celles du
grand firmament qui nous environne, de manière à ce
que les petits astres innombrables de l'âme, ainsi

amplifiée, se confondent en quelque sorte avec les astres des cieux.

Au moyen de cette substitution hypothétique, nous verrons alors notre âme, agrandie d'une manière incommensurable, se montrer à nos regards avec toutes les propriétés de l'être animique, qui est celui au sein duquel nous vivons et auquel nous donnons la dénomination de GRAND ÊTRE PRINCIPAL. — C'est donc ce grand être, multiplicatif de notre âme, que nous allons considérer ici pour être renseignés sur le mécanisme et le fonctionnement de l'âme humaine.

Ce qui frappe d'abord l'astronome, quand il observe le firmament, ce sont les nébuleuses, dont les groupements d'astres considérables composent des configurations particulières. Celles-ci dessinent les organes du cerveau animique qu'elles occupent pour les animer et les mettre en vibration constante sous l'action des révolutions sidérales de leurs propres astres.

Les nébuleuses circonscrivant le domaine des divers organes, ne se mêlent pas, ne se déforment pas et c'est leur stabilité qui permet à ce vaste organisme de conserver toujours intacte sa forme primitive aussi durable que celle du cerveau corporel.

Plus tard, la science astronomique découvrira les formes anatomiques des nébuleuses qui, elles-mêmes, ont leurs fractions d'organes jalonnées par des constellations dont les modifications sont soumises à des lois conservatrices de ces nébuleuses.

Ce sont ces amas stellaires qui indiquent les formes organiques du cerveau animique plutôt que sa propre matière que je vous ai décrite précédemment et dont la translucidité dérobe l'aspect à nos regards, matière plus limpide que le plus pur cristal, en même temps que ses agrégations atomiques sont d'une ténuité si grande qu'elles sont plutôt fluidiques que matérielles.

Cependant, la matière du corps de cette âme, tout invisible qu'elle est, comporte les propriétés de résistances progressives nécessaires à toutes les formations anatomiques. Dès lors, dans cette immensité, il faut voir une boîte crânienne, une masse cérébrale et tous les liquides, sanguins et autres, nécessaires au fonctionnement de ce corps animique.

Mais ce n'est pas ce corps de l'âme qui doit nous arrêter en ce moment ; c'est l'âme proprement dite, l'âme rectrice qui est en lui et qui comprend la *somme astrale* qui l'anime, *l'esprit* de cette âme et, ensuite, les *radiations extérieures* qui sont les agents de sa grande puissance rayonnante.

X

DE L'AME RECTRICE (SUITE)

— Avant de vous laisser reprendre la parole, me dit mon interlocuteur, je désire vous exprimer mes doutes sur la présence des astres que vous invoquez pour la formation de l'âme humaine, si grande ou si petite soit-elle.

Je vous accorde un organisme pour composer les organes effectifs et surnuméraires des attributs, puisque cet organisme existe dans la tête corporelle humaine ; mais celle-ci, vous en conviendrez, n'a nul besoin du firmament dont vous me parlez, pour exercer ses fonctions organiques, à moins que le corps possède son firmament aussi, ce dont vous ne l'avez point encore gratifié.

— Non, la tête corporelle humaine ne possède point une somme astrale, à l'exception cependant de celle qui anime son âme corporelle, dans son cervelet, ainsi que vous le verrez plus loin ; mais le cerveau n'a que faire d'un firmament, car celui du cerveau animique lui suffit. Or, ce firmament, dont vous contestez l'existence, est tellement indispensable que s'il venait à cesser son action un seul instant, l'âme subirait instantanément la mort dans son corps animique, car c'est cet assemblage d'astres qui compose l'âme rectrice proprement dite.

Si, donc, vous retranchez le firmament à ce corps animique, il demeure dans la plus complète inertie, puisque vous en faites un cadavre privé de son âme. Car, où trouverez-vous ailleurs que dans le mouvement formidable des astres, résultant de leurs révolutions sidérales, où trouverez-vous ailleurs des moteurs assez puissants pour animer l'organisme ou le mécanisme de cette âme? Le mouvement, qui est la vie, vous ne le verrez jamais engendré que par des êtres; seuls ils peuvent le réaliser, puisque la vie latente ou la vie motrice ne se manifeste jamais en dehors de l'être. Mais ni les minéraux, ni les végétaux, ni les animaux qui peuvent, sous forme de fluides, habiter le corps de l'âme, n'ont la puissance voulue pour l'animer, pas plus que ces trois règnes ne peuvent animer le cadavre, après la mort corporelle. D'autre part, les humanités ne sont pas plus pourvues de cette puissance motrice, et en disposeraient-elles qu'il leur faudrait les astres pour habitacles. Ce sont donc ces astres, ces êtres sidéraux générateurs par eux-mêmes des plus grandes puissances motrices de la nature, qui sont les plus aptes à produire les vibrations considérables dont les ébranlements sont nécessaires à la permanence de la pensée.

Voilà, pour la production mécanique de cette pensée, des instruments dont vous ne pouvez contester le travail nécessaire, travail qui ne peut s'accomplir par d'autres agents, tous trop faibles pour entrer en concurrence avec la puissance de vie qui anime la grande somme astrale. Mais la pensée ne se compose pas seulement de mouvements vibratoires; en même temps qu'elle est vie, elle est *esprit*. C'est-à-dire qu'elle se manifeste par la spontanéité qui s'épanouit dans son sens intime et qui décèle la présence de l'être réellement pensant.

C'est de cet être pensant qu'il s'agit de rechercher les origines en faisant voir que celles-ci comportent en elles les capacités voulues pour engendrer tout ce qui est susceptible de déterminer la pensée.

D'abord, si la pensée est perpétuellement vibrante, ainsi que nous l'avons dit précédemment, elle ne peut provenir que de fluides producteurs de ces vibrations. Mais ces fluides sont plus que des fluides vitaux, simples agents de mouvements mécaniques ; il faut qu'ils soient les fluides que nous avons nommés *fluides psychiques* lesquels portent en eux les germes ou les graines de la pensée, qui croîtront et se développeront dans ce milieu où ils seront appelés à fonctionner. Autrement, si ces fluides ne portent pas avec eux les propriétés particulières susceptibles de composer *l'esprit* agissant, celui-ci restera absolument nul en lui-même, incapable d'aucun acte, d'aucune initiative ; de même qu'une espèce spéciale de matière ne présente les propriétés de cette espèce qu'autant que celles-ci sont apportées par les parcelles constitutives de la masse tout entière. En un mot, les fluides de la pensée ne sont et ne peuvent être que des parcelles fluidiques pensantes.

Mais ces parcelles fluidiques pensantes, où les trouver, si ce n'est au sein des sociétés humaines habitant tous les astres du firmament, et dont les radiations s'élançant dans les cieux, comme les radiations des soleils, sont autant de sources de pensées partielles, alimentant constamment la régénération de la pensée totale, dont elles sont les éléments de formation continue ?

Quoi de plus simple que la production de cette source pensante qui, non seulement donne à l'âme ses rudiments de pensée humaine, mais encore les rudiments de sa pensée *instinctive*, qui lui sont fournis par les fluides psychiques des animaux vivant dans les mêmes résidences astrales.

Il ne suffit pas de la production des éléments originels de la pensée, il faut que ceux-ci, disposés d'abord dans toutes les régions du firmament, partout où il y a des astres pour les faire naître, il faut que ces effluves considérables de fluides soient récoltées, agencées et élaborées de manière à former des *courants psychiques* utilisables. Ce sont ces courants psychiques, mettant en vibration la matière firmamentaire tout entière, qui composent l'âme rectrice proprement dite, car ils en expriment la base fondamentale.

— Si je vous ai bien compris, la grande âme humaine, que vous voulez dessiner ici, embrasse tout le firmament dans les limites que vous lui avez assignées ; elle se compose de sa matière translucide, constituant les organes de son cerveau, et ensuite des fluides radiateurs issus de tous les astres. Mais êtes-vous bien certain que tous les astres soient habités? S'ils ne le sont pas, cette grande âme humaine manquant des sources de fluides psychiques qui sont appelés à la composer et à l'alimenter dans sa pensée, cette grande âme humaine n'a pas sa raison d'être.

— Rien n'est plus juste que votre objection, à laquelle une réponse est facile.

Lorsque vous considérez un être appartenant à une espèce déterminée, vous remarquez qu'il n'est jamais seul dans cette espèce, et qu'il y a autour de lui beaucoup d'êtres similaires, c'est-à-dire qui sont construits sous le même régime anatomique et qui vivent d'après le même exercice dans leurs fonctions. Pourquoi toutes les planètes du firmament, qui sont autant d'êtres vivant de leur vie propre, feraient-elles exception à cette loi générale?

Il est à remarquer que l'humanité qui vit sur notre globe planétaire fait sentir son influence d'une manière considérable sur toute la croûte corticale épidermique de ce globe, qu'elle peut modifier plus ou moins profondément par la culture. Et de plus, les fluides rayonnants que répand la masse collective humaine, soit jusqu'au centre du globe, soit dans la zone atmosphérique environnante, tous ces fluides prennent une grande part aux fonctions vitales de l'astre. Si donc vous supprimez ces fonctions fluidiques dans un autre astre planétaire, celui-ci ne sera plus semblable au nôtre dans son action vitale et il sera en contradiction avec la grande loi d'unité spécifique.

— Je veux bien que toutes les planètes soient habitées, quoique tous nos astronomes ne soient point encore de cet avis ; mais comment admettre que notre soleil et tous ceux de la grande famille stellaire qui nous illuminent, le premier pendant le jour, ces derniers pendant la nuit, et dont la surface est une fournaise ardente, comment admettre qu'un pareil séjour puisse être la résidence d'une humanité ?

— Rien n'est plus vrai, cependant, que les soleils soient les plus admirables séjours pour les humanités. Ce n'est point assurément à leur surface que celles-ci résident, mais bien sur un globe intérieur nageant dans une atmosphère particulière qui les isole de la chaleur intense, dont il ne reste que la température d'un perpétuel printemps. Considérez attentivement les taches du soleil, dont les plus larges laissent voir, avec de puissantes lunettes, les flammes de la photosphère s'engouffrer dans ces cavités, celles-ci découpant l'écorce solaire de part en part, tandis que ces flammes sont attirées par le courant atmosphérique interne où elles s'alimentent de fluides régénérateurs. Vous pouvez donc ainsi envisager le soleil comme représentant le type supérieur de l'espèce astrale, fonctionnant comme les planètes sous l'ascendant d'une humanité qui lui fournit ses plus riches fluides, fluides nécessaires à la vie qui l'anime et sans lesquels, vous le verrez plus loin, aucun astre ne peut vivre d'une manière normale et complète.

Les comètes elles-mêmes sont des mondes habités dans leur noyau translucide. Ne vous récriez point sur ce que vous appelez peut-être mon audace, mais reconnaissez avec moi que l'organisme corporel de chaque être qui habite un globe est formé de la même matière que celle de ce globe, dont il s'alimente journellement. Si donc le globe cométaire est semi-fluidique, le corps des êtres qui l'habitent sera de même nature ; et les lois divines sont tellement intelligentes qu'elles trouvent, n'en doutez point, les moyens nécessaires pour faire fonctionner la vie en ces organismes aussi bien que dans les nôtres, qui sont construits avec la matière compacte de notre croûte terrestre.

Ainsi les planètes, les soleils, les comètes sont autant de types différents dans la grande famille astrale, dont les besoins d'existence sont les mêmes, besoins ne recevant leur satisfaction que par la présence de l'humanité que, plus tard, vous reconnaîtrez comme étant l'âme rectrice de ces astres.

— Vos raisons suffisent pour me convaincre d'autant plus que si les astres étaient impropres à composer des centres de vie ils seraient entièrement inutiles, ils se montreraient comme un non sens dans le plan de la nature.

XI

LES COURANTS PSYCHIQUES

— Puisque vous admettez maintenant la présence des humanités sur tous les globes, vous devez voir celles-ci vivant en société et composant alors d'une manière collective, pour l'accomplissement de leurs actes pensants, des radiations fluidiformes provenant de chaque individu qui subsiste en ces milieux.

Vous pourriez m'objecter que, ne voyant point de vos regards corporels les radiations fluidiques de chaque être, il vous est difficile de croire à leur existence ; mais je me réserve de vous donner plus tard cette démonstration, vous priant seulement pour l'instant de l'admettre comme réelle.

— Passons sur ce point jusqu'à plus ample informé, je vous l'accorde.

— Merci. Ma tâche va devenir plus facile si nous n'avons point à nous arrêter à des preuves qui trouveront leur solution à leur véritable place. Nous allons alors envisager la formation des grands courants psychiques : le plan de leurs agencements dessine le parcours des forces génératives des grands mouvements fonctionnants de l'âme.

Envisageons les courants fluidiques que chacun de nous émet extérieurement à lui, à des distances considérables, de manière à former autour du globe, dans son atmosphère, comme une mer de fluides psychiques élevant ses flots sous la forme d'une immense montagne qui se prolonge ensuite dans le ciel en un courant puissant se rendant au soleil. Figurez-vous ensuite tous les soleils, ainsi pourvus de ces courants, se les transmettant les uns les autres d'une manière analogue, et vous verrez se former l'immense réseau fluidique qui est le grand agitateur vibratoire permanent de la pensée latente ou de la pensée active.

Pour se rendre un compte exact de la nature de ces courants psychiques, il faut les considérer sous un triple aspect : d'abord ils sont *courants d'assimilation*, puisque la grande âme se les approprie pour composer sa personnalité propre. Ils sont ensuite des *courants de fonctions*, car ne sont-ils pas comme autant d'instruments dont cette même âme se sert pour l'exercice de tous ses actes pensants, qu'elle ne pourrait accomplir sans leur concours, sous peine de demeurer dans l'inertie ? Enfin, ils sont des *courants de répartition*, prenant la direction de courants de retour, lorsqu'ils ont abouti à leur but extrême, lorsqu'ils ont desservi le *moi* dans l'exercice de ses facultés. C'est alors que, s'étant enrichis de la puissance considérable de la grande âme, ils rapportent fidèlement à chaque astre, à chaque société humaine, et même à chaque individu, une provision de forces fluidiques dont les intensités supérieures lui sont d'un grand secours pour le fonctionnement de tous ses organismes et surtout pour la croissance progressive de toutes les facultés de son être.

Ainsi l'exige la grande *loi de solidarité*, la grande loi d'amour, qui veut que ce qui est donné sous une forme soit rendu sous une autre. Si donc nous envoyons à la grande âme nos effluves fluidiques pour concourir à la formation des attributs de sa pensée, cette âme nous rend en échange de ses propres fluides immensément plus puissants que les nôtres. Elle les mesure, elle les choisit suivant nos capacité vitales et notre valeur qualitative, afin que nous soyons doués des intensités voulues pour progresser, pour nous élever vers un état supérieur, ce que nous ne pourrions faire indépendamment de ce précieux concours ; car l'infiniment grand avec lequel communique cette âme se sert de son intermédiaire pour féconder toutes les grandeurs descendantes des êtres jusqu'au plus profond des infiniment petits.

XII

ATTRIBUTS INTERNES

— Je viens de vous décrire la formation et le parcours général des courants psychiques ; il faut maintenant jeter un regard sur les attributs internes de l'âme, attributs qui comprennent les *réservoirs accumulateurs, les capacités radiantes et les facultés pensantes.*

Les réservoirs accumulateurs, nous les connaissons pour avoir déjà été décrits d'une manière sommaire ; mais nous complèterons cette description en disant que les courants psychiques, provenant de tous les astres, sont conduits d'abord dans ces réservoirs qui sont des instruments d'épuration et où les fluides, préalable-

ment divisés et classés chacun suivant son type spécifique particulier, sont conduits dans le casier qui leur
est réservé.

C'est de cette manière que l'on retrouve sur les circonvolutions homologues du cerveau animique, con-
formé comme le cerveau corporel, les régions où résident les approvisionnements destinés à l'alimentation
des organes des facultés pensantes. C'est-à-dire que
celles-ci étant en communication avec le réservoir qui
leur est spécial, s'y alimentent au moyen du courant
fluidique permanent qui relie ce réservoir à l'organe
lui-même et prend la forme d'un canal cylindrique
analogue à un cordon nerveux.

C'est ainsi que les courants psychiques acquièrent
leurs propriétés *de personnalité*, au moment où ils
émergent des réservoirs accumulateurs qu'ils relient
aux organes des facultés pensantes, dans le centre
psychique qui est le centre cérébral. Avant d'avoir été
centralisés dans ces milieux, ils sont demeurés impersonnels, n'ayant pas encore été classés et n'ayant pas
subi l'épuration nécessaire pour être livrés à l'usage de
la grande âme.

L'étude des réservoirs accumulateurs, situés dans
les hémisphères cérébraux, qui complète celle des radiations psychiques, nous conduit à celle des *capacités
radiantes*.

Ces capacités radiantes, il faut les voir formées par
le prolongement des courants psychiques, partant des
organes des facultés situés dans le centre cérébral, pour
aboutir au *moi* animique, qui a son siège dans la *commissure centrale*, laquelle, ainsi que son nom l'indique,
se trouve placée dans le centre des organes de la pensée, qui est celui de l'âme tout entière. Ce sont ces
courants spéciaux qui constituent les capacités radiantes proprement dites. (Voyez fig. 2).

Or, ces capacités, sous leur forme fluidique, expriment la valeur qualitative permanente de l'âme ;
car chacun des organes de ses facultés, qui est

l'instrument de ses propres actes, laisse rayonner les fluides représentatifs de la valeur animique réelle. C'est-à-dire que cette âme possède une manière de faire plus ou moins habile en raison de son acquis, comme un artiste musicien, par exemple, possède un talent déterminé sur l'instrument dont il se sert.

Ainsi donc, la capacité radiante n'est autre chose que le talent de l'âme à l'état latent, si l'on peut s'exprimer ainsi. Mais si ce talent ne s'exerce pas, il demeure lettre morte comme celui du musicien inactif. C'est pourquoi il est nécessaire que les *facultés* s'ajoutent aux *capacités radiantes* pour permettre à l'âme de se manifester, comme il est indispensable au musicien instrumentiste qu'il exerce son instrument pour faire preuve de ce dont il est capable, ses capacités musicales ne se faisant valoir qu'à cette condition. En un mot, les facultés représentées par leurs organes déterminatifs ne sont valables qu'autant qu'elles sont mises en mouvement, ou bien alors elles se détériorent comme l'instrument qu'on laisse inactif.

C'est bien ce qui exprime que la faculté n'est autre chose que l'instrument des capacités radiantes, instrument inutile du moment où ces capacités demeurent passives. Mais, d'autre part, de même que le musicien n'agrandit ses capacités musicales, ou son talent, qu'autant qu'il exerce très fréquemment cet instrument, de même les capacités radiantes de l'âme n'acquièrent de supériorité qu'à cette condition d'élaborer la faculté, ou l'organe qui la représente, avec une grande persévérance.

Telle est la différence qui distingue la capacité radiante de la faculté pensante.

Cependant, il faut considérer la faculté en général comme le point d'application de la capacité radiante, et voir celle-ci comme si elle était à l'état actif. Sous cet aspect, la description des facultés actives d'une âme, donne l'état de sa valeur qualitative, puisque alors on la voit par la pensée comme si elle était réellement agissante. Aussi la connaissance des facultés de l'être animique que l'on considère, détermine-t-elle ce dont il est capable, d'après le jeu des capacités radiantes sur l'organe qui en est l'instrument, et cela au moyen de leurs fluides, correspondant à la nature de cet organe.

Je ne vous ferai qu'un peu plus tard la description des facultés de l'âme, pour ne point retarder celle du mécanisme de la pensée, qui vous sera donnée lorsque vous connaîtrez la constitution du moi animique.

— L'exposé que vous venez de faire des *courants psychiques* et des *attributs internes* avec leurs divisions respectives, me paraît satisfaire aux exigences de la logique, mais il est pour vous encore un grand écueil à franchir, le plus redoutable peut-être, celui de la démonstration du *moi animique*, et je doute que vous puissiez sortir victorieux de cette rude épreuve. Remarquez qu'à défaut de cette démonstration, votre système sur l'âme reste inachevé.

—– La description du *moi* est, en effet, environnée d'assez grandes difficultés, mais nous allons essayer de les atténuer afin de vous rendre aussi clair que possible cet exposé qui, bientôt, vous deviendra familier autant que ceux qui précèdent.

XIII

PERSONNALITÉ RECTRICE

LE MOI INTERNE — LE MOI INTERMÉDIAIRE — LE MOI EXTERNE

Sous cette dénomination il faut comprendre le moi animique se présentant sous un triple aspect que déterminent : le *moi interne*, ou *sens intime* ; le *moi intermédiaire*, ou *moi fonctionnant* ; et le *moi externe*, ou *moi communicatif*, exerçant la pensée avec le monde extérieur. Comment se figurer ce triple *moi*, qui concentre en lui seul l'être pensant tout entier, si on ne le conçoit localisé en un lieu spécial du firmament animique? Le milieu organique, qui est la *commissure centrale*, occupant le centre du cerveau de l'âme, figure le *moi interne*. La matière constituante de cet organe est semi-matérielle-fluidique, c'est-à-dire que le *moi* interne, devant résumer en quelque sorte l'âme tout entière, représente en soi la quintessence du principe matériel et comporte les trois substances fondamentales, qui sont : la *substance matérielle*, ou la matière ; la *substance fluidique vitale*, qui est celle de la vie ; puis, la *substance fluidique psychique*, qui est celle de la pensée.

La substance matérielle du moi interne compose l'organe commissural qui figure un globe analogue à un globe solaire. Ce globe représente, pour ainsi dire, le germe animique permanent de l'être. Et, en effet, il fut l'élément germinal de l'âme avant qu'elle reçût le souffle divin créateur qui la fit sortir du néant de la vie où, cependant, elle se trouvait enfouie de toute éternité.

— Ce que vous venez de dire ne me semble pas bien clair et paraîtrait en quelque sorte contradictoire, car ce qui est dans le néant de la vie ne doit exister sous aucune forme et, cependant, vous reconnaissez une existence antérieure à ce germe d'âme? Si, donc, ce germe existe de toute éternité, Dieu n'est le créateur d'aucun être animique.

— Je vous répondrai que tous les germes d'âme peuvent existér sous une forme latente, sans qu'il soit porté atteinte au principe créateur ; ou bien alors vous seriez conduit à admettre que l'on peut construire un édifice en l'absence complète de toute espèce de matériaux? Les lois de la nature sont les mêmes pour Dieu que pour nous, et il ne fait naître quoi que ce soit de rien ; il lui faut, pour opérer cette naissance, ce qui est nécessaire à la formation première de tous les organismes, c'est-à-dire le germe duquel ils émanent.

Comment se forme notre organisme corporel humain, si ce n'est au moyen de l'ovule fécondé par le spermatozoïde ? Supprimez ce germe du corps, vous n'aurez plus que le néant corporel, néant corporel avec lequel nul enfantement n'est possible pour faire éclore l'espèce humaine. Croyez-vous que l'être animique qui, lui aussi, a un corps particulier, puisse naître indépendamment de son germe d'âme ? Si vous le supprimez, vous retombez comme précédemment dans un autre néant, dans le néant animique duquel vous ne pouvez faire sortir aucune âme. Ainsi donc, son germe lui est aussi nécessaire qu'au corps pour éclore.

Ce germe de l'âme, c'est celui de sa propre substance éternelle incréée, puisque pour créer cette substance, qui ne peut non plus que toute chose sortir du néant, il lui faut forcément un germe. Or, ce germe, c'est précisément le germe animique qui nous occupe ici.

D'où il résulte que le germe animique est en même temps germe de substance, puisque l'âme est substance ; ce qui revient à dire que celle-ci se confondant, dans son principe animique, avec le principe substantiel, c'est l'âme qui est la véritable initiatrice de la substance.

Mais la présence du germe éternel ne s'oppose nullement à l'action créatrice divine, pas plus que la présence du germe corporel ne peut s'opposer à la création du corps ; car si le germe corporel n'est pas fécondé il demeure entièrement stérile, comme demeure éternellement stérile le germe animique qui est resté étranger à la fécondation divine.

Ainsi, créer c'est féconder, c'est réaliser l'alliance intime du féminin ovulique avec le masculin spermatozoïdique. De même donc que pour créer un organisme corporel il faut l'alliance de ces deux principes, il faut, pour créer une âme, une alliance analogue.

Ici, le germe ovulique c'est le germe animique lui-même, tandis que le germe spermatozoïdique est le

3*

rayon divitaire fécondant, ou le rayon divin, dont la puissante impulsion détermine le réveil de la vie. C'est ainsi que Dieu, au moyen de ses rayons divitaires, est le créateur de toutes les âmes. C'est ainsi que chacun de nous, par son âme, est le véritable enfant de Dieu.

Revenons, maintenant, au moi animique interne et nous verrons qu'étant éternel, en principe, dans son antériorité, il est réellement dans la possession de lui-même et que son sens intime, également en germe, naquit en quelque sorte sous le souffle divin qui lui communiqua à ce moment solennel le premier rudiment du sentiment de sa personnalité.

Ce moi interne primitif étant un germé formé de substance, ainsi que je vous l'ai démontré naguère, renfermait alors le principe germinal de toutes les formes de substance, et comment vous étonner alors que l'âme soit le principe de toutes choses? Dès lors, ne pouvez-vous voir en elle la cause germinale première de tout ce qui existe, l'action créatrice divine donnant à cette cause tous les effets qui la modifient sous la magnifique impulsion de la loi du progrès éternellement croissant?

Si on considère le moi interne en lui-même, il apparaît comme un être organisé jouissant de ses organes particuliers, organes parmi lesquels figure un appareil pulmonaire spécial servant au mouvement respiratoire de l'âme.

Si l'âme n'exerçait ce fonctionnement respiratoire, elle n'aurait point la vie qui exige pour se manifester une action motrice incessante s'opposant sans cesse à un repos absolu qui serait la mort absolue. Et comment peut se produire cette action vitale perpétuelle s ce n'est par le même appareil qui est l'appareil pulmonaire dans le corps, la nature n'inventant jamais à plaisir de nouveaux organes et se servant de préférence de ceux qui existent déjà.

Ainsi donc, si notre corps,ne peut vivre sans respirer, il en est ainsi de notre âme et de toute autre âme si petite ou si grande soit-elle ; et comme, pour respirer, il faut un appareil respiratoire, l'âme en possède un:

D'ailleurs, vous verrez bientôt l'importance considérable de ce mécanisme sans l'action duquel non seulement la pensée ne pourrait se produire, mais dont la puissance motrice est non moins nécessaire pour déterminer le grand mouvement astronomique du firmament tout entier.

Le *moi intermédiaire*, ainsi que nous l'avons indiqué, se trouve situé entre le moi interne et le moi externe ; il forme autour du moi interne une zone atmosphérique-fluidique analogue à la zone pulpeuse qui environne le noyau d'un fruit, (ce noyau figurant le moi interne) tandis que le moi externe compose comme une écorce fulgurante figurant l'épicarpe ou l'épiderme de ce même fruit. D'ailleurs cette description du triple moi n'est-elle pas également analogue à celle d'un astre solaire muni de son globe intérieur, de son atmosphère interne emprisonnée par la couche corticale ignée? C'est pourquoi le triple moi peut être considéré comme étant l'image d'un soleil.

La zone déterminative du moi intermédiaire se compose d'abord d'une atmosphère gazéiforme particulière, puis d'une autre atmosphère entièrement fluidique. Les fluides qui la composent proviennent des capacités radiantes qui viennent aboutir à cette zone où ils s'accumulent sans se mêler, formant comme autant de miroirs réflecteurs de chacune de ses capacités différentes. Comme chaque miroir accumulateur de ces capacités fluidiques en donne l'image fidèle, l'ensemble de ces miroirs présente donc l'aspect réel de la valeur qualitative de l'âme, laissant voir ses qualités et ses défauts.

C'est ainsi que l'âme du criminel porte en ses miroirs fluidiques l'indice de ses forfaits, qui s'y trouvent comme photographiés et qu'il ne peut soustraire aux

regards de Dieu, Il en est de même de toutes les fautes, de toutes les erreurs commises, dont une seule ne
peut échapper à ce sévère contrôle. Mais les bonnes
actions s'y gravent aussi bien, les généreux dévouements, les grands sacrifices y laissent leur sublime empreinte aux brillants reflets. En un mot, les
pensées passées et présentes se lisent comme à livre
ouvert là où elles s'inscrivent d'une manière indélé-
bile avec une rectitude mathématique.

Ce sont les reflets de ces miroirs de la pensée dont
les rayonnements viennent ensuite se dessiner sur le
visage pour déterminer la physionomie qui ne peut
traduire que très imparfaitement le livre de la pensée
intime que je viens de vous décrire.

Remarquez que les fluides des capacités radiantes,
qui s'accumulent d'une manière successive dans le miroir particulier à chacune d'elles, expriment l'acquis de
ces capacités, acquis se conservant d'une manière indéfinie, après l'accomplissement de chacun des actes
de l'âme. Cette conservation du produit des capacités
est nécessaire, car c'est lui qui les enrichit et leur permet de retrouver toutes ces richesses pour les utiliser.
Autrement, si l'âme perdait tout ce qu'elle acquiert,
elle serait impuissante à progresser jamais, elle demeurerait dans une perpétuelle ignorance, du moment où
elle aurait toujours tout à apprendre, ayant toujours
tout à recommencer.

Le moi intermédiaire unit son action à celle du moi
interne pour produire les actes pensants, ainsi que
vous le verrez bientôt, car le sens intime, qui localise
le moi interne, est indispensable à l'accomplissement
de tous les actes animiques.

Le moi externe complète les deux *moi* qui précèdent ;
il est formé, ainsi que je vous l'ai indiqué précédemment, par une calotte sphérique fluidique dont les éléments forment entre eux comme un tissu résistant servant de point d'appui à l'expansion des fluides radiateurs

appelés à exercer la pensée extérieurement à l'âme.

Le moi intermédiaire ayant composé la pensée intime, celle du for intérieur, d'accord avec le moi interne, laisse au troisième moi, au moi externe, le soin de la transporter au dehors pour établir les communications de l'âme avec le monde qui lui est extérieur. Pour cela, il faut donc que les actes pensants soient recueillis sur les miroirs du moi intermédiaire, où ils se forment d'une manière définitive, et que leur image soit fidèlement reproduite et transportée ensuite pour qu'elle puisse se faire interpréter dans le milieu social.

Quand nous parlons et que nous exprimons nos sentiments et nos idées, n'avons-nous pas besoin de les projeter en quelque sorte en dehors de nous vers ceux auxquelles nous les adressons? Car si nous les conservons au dedans de nous-mêmes, ils demeureront dans notre for intérieur et n'arriveront pas à leur destination. Pour qu'ils y arrivent, il faut que nos fluides radiateurs viennent à la rencontre de ceux de la personne ou des personnes avec lesquelles nous entrons en communication. C'est alors que leurs propres fluides ébranlés, mis en vibration, impressionnés par les nôtres, leur transmettent, dans leur milieu animique, ce que nous avons voulu leur transmettre nous-mêmes. Retranchez de part et d'autre ces fluides radiateurs, ceux qui envoient la pensée et ceux qui la reçoivent, vous aurez annihilé les communications réciproques entre les âmes en présence, et celles-ci ne pourront se faire comprendre l'une à l'autre.

Si vous entendez un bruit quelconque se produire, c'est parce que votre oreille reçoit le fluide sonique qui, après avoir fait vibrer la membrane du tympan, prolonge ses vibrations par l'intermédiaire d'un autre fluide, le fluide que nous nommons *auditif*, pour faire aboutir celui-ci à l'organe sensoriel interne de l'audition, qui le perçoit.

Il en est de même des autres facultés de l'âme qui ne peuvent percevoir les commotions venues de l'extérieur autrement que par les fluides envoyés du dehors et qui pénètrent jusqu'à elles.

De là la nécessité indispensable de fluides radiateurs émis par chaque âme pour former les commotions réciproques. Ainsi, lorsqu'une âme communique ses impressions à une autre âme, elle doit les lui envoyer telles qu'elles se trouvent dessinées sur ses propres miroirs réflecteurs situés dans la zone du moi intermédiaire. Si c'est une émotion qui veut se faire partager, elle cherchera à se montrer dans toute sa réalité, et, pour cela, elle laissera voir tout ce qu'elle ressent.

Mais chaque émotion aussi bien que chaque acte, se grave sur les miroirs réflecteurs du moi intermédiaire ; c'est pourquoi il est nécessaire, pour que cette transmission ait lieu, que l'image extérieure soit transportée par les rayons externes radiateurs, de manière à ce qu'ils puissent se faire percevoir par l'esprit ou les esprits étrangers appelés à les recevoir.

Aussi la nature a-t-elle prévu et construit le mécanisme nécessaire à ces transmissions. Pour cela elle dispose les rayons fluidiques qui forment la base du *moi externe*, d'une manière perpendiculaire à la zone constituante de ce moi externe. C'est-à-dire que la calotte sphérique qui le représente, semblable, à son intérieur, à la surface concave d'une écorce d'orange, se trouve traversée par une multitude de rayons en forme de brosse dont chacun prend naissance sur cette surface concave.

Mais chacun de ces rayons s'ouvre et se dilate en cet endroit, en forme de pavillon, comme un cor de chasse, de manière à former lui-même un miroir capable de recevoir les images qui viendront se photographier en lui. Ceci établi, tous ces petits pavillons formant la base des rayons se trouvent en regard de la zone convexe du *moi-intermédiaire*. C'est alors que s'opère la transmission photographique des miroirs de ce moi intermédiaire sur les miroirs du moi externe. Chacun des rayons de ce dernier doit renfermer en lui seul la collection des images qu'il s'assimile, images qui sont au nombre de vingt-sept : neuf pour les sens, neuf pour les facultés affectives et neuf pour les facultés intellectives. Un mouvement de rotation continu s'exécute dans un sens inverse par les deux moi, de telle sorte que chaque pavillon du rayon reçoit toute cette collection d'images.

Pour mieux nous faire comprendre, nous dirons que deux disques enclavés l'un dans l'autre et tournant en sens contraire, chacun des points de l'un verra le passage de chacun des points de l'autre en toute la collection de ces points. C'est bien le cas dans lequel se trouvent les petits pavillons des rayons que nous venons de décrire. Chacun d'eux reçoit ainsi la somme des images gravées sur les miroirs du moi intermédiaire qui passent devant lui, et, par suite, il reflète fidèlement l'image multiple et complète de l'âme intégrale.

C'est alors que tout rayon émis par le moi externe est porteur de la réduction des facultés de cette âme représente fidèlement partout où il est transporté par elle, dans son voisinage ou à toute distance.

C'est là ce qui peut expliquer la transmission des facultés de l'âme par le magnétiseur, celui-ci pouvant à son gré faire éprouver au sujet ce qu'il éprouve lui-même, en mettant en vibration chez ce sujet la faculté correspondante à celle qu'il exerce dans son propre organisme animique.

Telle est la description du triple moi interne, intermédiaire et externe, dont vous allez voir le fonctionnement.

— J'ai suivi avec beaucoup d'intérêt l'exposé que vous venez de faire, mais ne pourrait-on dire que la plupart de vos théories sur un triple moi animique dont aucun philosophe n'eut jamais l'idée, sont un peu fantaisistes? Chacun d'eux semble, il est vrai, avoir son rôle bien déterminé ; mais qui prouvera jamais leur existence puisque vous ne pouvez nous les rendre tangibles ? Souvent, on croit avoir fait une découverte, on accumule preuves sur preuves à l'appui et, plus tard, d'autres s'aperçoivent que ce qu'on croyait être la vérité n'était qu'un tissu d'erreurs.

— Votre méfiance pour les idées nouvelles indique en vous une grande prudence et un esprit qui recherche les choses positives. Je comprends que la description d'un plan, en quelque sorte anatomique, du moi de l'âme, ne puisse vous convaincre entièrement de sa réalité, mais si vous voyiez les éléments de ce plan entrer en fonction et se mouvoir d'une manière correcte pour répondre à toutes les exigences de l'action pensante, ne seriez-vous pas suffisamment convaincu de la vérité de la chose démontrée?

On peut se tromper dans des analyses de détail, mais quand un ensemble donne la raison d'être du fonctionnement des diverses parties de cet ensemble et que celles-ci dépendent elles-mêmes d'un ordre sériaire préconçu, on peut sans crainte accepter de telles démonstrations comme certaines. C'est là ce que je vais essayer de vous faire comprendre à notre première réunion.

— Si vous remplissez les conditions de ce programme, j'en admettrai les conséquences, quoique je me promette de n'accepter toutes choses qu'à bon escient.

XIV

FONCTIONNEMENT DU MÉCANISME DE LA PENSÉE

Pour donner le tableau du fonctionnement de la pensée, il est utile de mettre en présence les divers éléments qui concourent à la former, et on verra le rôle spécial de chacun d'eux.

D'abord, il faut remonter aux sources premières de la pensée elle-même, que l'on trouve dans la grande somme astrale, ou, pour mieux dire, dans les sociétés humaines qui sont les producteurs des fluides psychiques partiels générateurs des attributs de la grande âme. Mais ce qui amène l'ébranlement cérébral universel de l'âme dans toutes les parties de son cerveau, ce sont les astres du firmament, dont les vibrations perpétuelles déterminent le travail de la pensée latente, s'opposant à l'engourdissement des facultés, qui aurait lieu autrement, surtout pour celles qui sont les plus rarement élaborées.

Ces fluides, dès leur point de départ, composent les *courants psychiques*, recueillis dans chaque famille astrale par le soleil leur chef, qui les conduit par transmissions successives au sein des grands réservoirs accumulateurs, situés dans les hémisphères cérébraux, où s'achève le classement des espèces de fluides et leur épuration en vue de la formation ultérieure des *capacités radiantes* de l'âme.

Les courants psychiques qui étaient impersonnels avant leur entrée dans les réservoirs accumulateurs, en sortent personnels ; c'est-à-dire qu'ils représentent comme autant de courants nerveux *assimilés* par le moi auquel ils aboutissent à la suite de diverses ramifications.

Les courants psychiques sont les instruments réels du triple moi : d'abord, ils renouvellent constamment les fluides qui le composent et sans lesquels sa formation ne pourrait exister ; et, ensuite, ils sont comme autant de moteurs d'impulsion sous l'action de la volonté personnelle qui les fait mouvoir. C'est en cela qu'ils sont exécutifs de toutes les fonctions pensantes. Et, de plus, des courants psychiques de retour ou de *répartition*, après avoir servi, dans leur course descendante, à alimenter les organes des facultés pensantes qu'ils imprègnent, et à rénover les *capacités radiantes*, prennent la voie de retour pour revenir à leur point de départ, mais régénérés et plus riches en puissance.

Ce sont ces courants de retour, ou ascendants, puissamment animés par le *triple moi*, qui communiquent à tous les astres leurs révolutions sidérales, qu'ils ne pourraient accomplir autrement, révolutions qui sont réglées ensuite par les lois de l'attraction, sous la direction divine. C'est ainsi que la personnalité de l'âme est le moteur du firmament tout entier, tandis que les rayonnements psychiques issus de ces mêmes astres la mettent en vibration constante pour régénérer le mouvement latent de la pensée.

Lorsque les courants psychiques, qui prennent leur source dans les réservoirs accumulateurs, se rendent dans la direction du *moi*, ils descendent d'abord dans les divers organes des facultés, au centre psychique cérébral. Pour cela, ils ont subi à l'avance un triage qui, d'abord, sépara les courants sensoriels des courants affectifs et chacun de ceux-ci, des courants intellectifs. Puis, en chacune de ces trois séries, comme il est neuf organes distincts, il est également neuf fluides spéciaux pour les représenter. Aussi chaque organe de faculté reçoit-il le fluide spécial correspondant préposé pour le faire vibrer suivant les exigences de sa nature.

On conçoit, en effet, que les organes des sens doivent être animés par des fluides sensoriels, que les organes affectifs le soient par des fluides des espèces affectives et que les organes intellectifs le soient par des fluides intellectifs. Autrement, si vous supprimez l'action de ces fluides, les organes demeurent dans le mutisme complet, c'est-à-dire dans l'inertie, comme le sont les instruments de musique tant qu'ils ne sont pas exercés par les agents qui les mettent à l'état vibratoire.

Les fluides psychiques qui sont descendus dans les organes des facultés, les traversent, n'y laissant qu'une amorce pour ainsi dire, et à la sortie de ces organes, entre ces organes et la commissure centrale, siège du moi, ils composent les capacités radiantes qui, d'ailleurs, ne sont qu'une section particulière des courants psychiques. Ce sont ces courants spéciaux aboutissant directement au *moi*, que l'on peut considérer en quelque sorte comme les instruments directs de son activité incessante.

Lorsque le *moi* général se dispose à agir, comme il est constamment imprégné de toutes les espèces de fluides qui se sont échappées des capacités radiantes pour se localiser en lui, il est donc toujours apte à fonctionner.

Reflétant toutes les facultés dans les miroirs radiateurs du moi intermédiaire, il les possède en propre et en dispose à son gré dans le sens intime représentatif du moi interne. Or, c'est le sens intime qui est le propulseur unique de tous les actes pensants, au moyen de la volonté qui commande au fonctionnement de chaque organe de faculté, comme elle se commande à elle-même son action propre.

Mais la volonté n'est que secondaire quand ce n'est point elle qui est directement agissante, car elle ne fait qu'obéir elle-même à l'impulsion qui lui enjoint. son action mécanique fonctionnante pour faire mouvoir l'organe de la faculté qui doit s'exercer, afin que cette faculté soit mise en jeu.

Supposons, par exemple, que le sens intime veuille exercer la raison, qui est la faculté supérieure de l'intelligence, afin d'en faire l'application sur un sujet déterminé. Aussitôt, la volonté avertira d'une manière tacite la capacité radiante dans la fraction spéciale de son courant constitutif, où gît le *fluide rationnel*, fluide spécial à la *faculté raison*. Ce fluide, aussitôt réveillé de son état d'inertie relative, se dirige par vibration, des profondeurs du *moi-interne* au sein du miroir réflecteur, où se trouvent emmagasinées toutes les valeurs qualitatives antérieurement acquises.

Le fluide rationnel, qui a traversé la masse fluidique de ce miroir, en a récolté à son passage les vibrations propres qu'il s'est assimilées et, du moment où il pénètre dans l'organe rationnel, qui est la *voûte du trigone cérébral*, il la met en activité, riche de toutes les vibrations que possède sa capacité radiante rationnelle. C'est donc muni de sa pleine raison antérieurement acquise que le sens intime fera jouer cette capacité radiante rationnelle sur l'organe ou instrument également rationnel, afin d'en tirer les notes constituantes de la gamme particulière de cette faculté. Puis, au moyen de ces notes, peuvent se composer toutes les formations et les modulations innombrables de la raison, suivant que l'âme en est capable.

On voit ainsi que le sens intime agit sur son instrument organique rationnel de la même manière qu'un musicien instrumentiste sur son instrument de musique. Ce musicien, muni lui aussi de ses capacités musicales, représentatives de son talent, joue de son instrument en raison de ce talent qu'il possède. Si ces capacités lui font défaut, il ne produira que des sons discordants, mais si c'est l'instrument qui lui manque, malgré tout le talent dont il sera doué, il sera entièrement impuissant à se faire entendre.

Pour le même motif, si le sens intime est mal pourvu de la capacité radiante *raison*, il ne donnera que des produits rationnels très médiocres, ne sachant point se servir de l'organe de la faculté qu'il exerce ; mais sa capacité rationnelle fût-elle transcendante, il ne pourra en tirer aucun parti s'il manque de l'instrument organique pour la faire vibrer et pour composer les innombrables modulations dont elle est susceptible.

Le sens intime, ou moi-interne, pour faire mouvoir la capacité radiante qu'il veut mettre en jeu, se sert de son appareil pulmonaire, au moyen duquel se produit par aspiration une accumulation de fluide spécial qui est appelé à agir. Dans le cas présent, ce serait le *fluide rationnel* qui aurait été puissamment aspiré dans le grand réservoir accumulateur où il séjourne au sein des hémisphères cérébraux.

Ce courant se rend d'abord dans l'organe de la raison (voûte du trigone cérébral), qu'il traverse d'une manière permanente pour se rendre directement dans les poumons du moi interne. Mais la vibration de l'organe n'est alors que latente et ne sera réellement effective que quand le moi interne refoulera le fluide rationnel dans l'organe de même nom afin que s'exerce réellement le jeu de l'instrument organique. C'est seulement alors que fonctionne la *capacité radiante*, qui se module à sa manière, en envoyant en d'autres organes, également au moyen de l'appareil respiratoire, les courants qui leur sont propres, afin qu'ils se combinent à la faculté *raison*, lui donnant ainsi les divers aspects dont elle a besoin pour s'exercer suivant la nature des sujets à traiter.

Ce travail vibratoire n'est point suffisant encore pour donner satisfaction au sens intime; il faut, en outre, que celui-ci soit bien assuré que le jeu qu'il a exercé sur l'organe psychique a été fidèlement exécuté. C'est pourquoi il est nécessaire qu'un courant de retour remonte vers le moi-interne afin de lui transmettre, d'une manière en quelque sorte auriculaire, toutes les vibrations telles qu'elles auront été exécutées au sein de l'organe. Ce courant de retour est ramené alors par aspiration pulmonaire au sens intime qui apprécie l'acte tel qu'il s'est accompli et se l'assimile.

N'est-ce pas également ce que le musicien éprouve en recevant dans ses organes auditifs l'audition des sons qu'il a produits et dont il fait le contrôle pour s'assurer de leur fidèle exécution? Autrement, il ne pourrait juger s'il joue juste ou faux.

De même, l'esprit ne pourrait juger de son travail rationnel ou autre s'il ne le recevait dans le sens intime tel qu'il s'est accompli, afin de pouvoir redresser aussitôt tout ce qu'il trouve en lui de défectueux. C'est de cette manière que l'acte pensant peut s'accomplir en toute plénitude dans le for intérieur de l'âme.

Mais il ne suffit point à la pensée de se former au dedans d'elle-même; il faut qu'elle puisse se communiquer au dehors, et, pour cela, l'être animique transporte les images des actes pensants, recueillies sur les miroirs du moi-interne au moyen des radiations du moi-externe. C'est de cette manière que notre pensée peut rayonner à distance et que l'hypnotiseur est susceptible de pénétrer au plus profond de l'âme d'une autre personne pour substituer sa volonté à la sienne, précisément par l'intermédiaire de son action rayonnante, laquelle agit alors en son lieu et place sur les organes de ses facultés animiques pensantes. Si donc le moi-externe radiateur n'existait pas, ces phénomènes si merveilleux ne pourraient avoir lieu.

— Ce que vous venez de dire me semble très juste relativement à ces phénomènes de l'hypnotisme encore inexpliqués. Je comprends maintenant comment le sujet hypnotisé obéit servilement à l'esprit qui lui commande, et comment il peut ressentir les sensations qui lui sont imposées, puisque son âme se trouve pénétrée par les rayonnements d'une autre âme qui, de cette façon, peut transitoirement lui enlever jusqu'à son libre-arbitre.

La description et le fonctionnement du moi-intermédiaire et du moi-interne me paraissent devoir satisfaire aux données de la logique, et je reconnais que l'ensemble de vos démonstrations explique l'action pensante. Mais combien peu encore se rendront à ce que vous considérez comme une évidence, et moi-même, qui ne trouve pas en ce moment d'arguments pour vous contredire, je ne puis dire encore que vous m'ayez entièrement convaincu.

— Vous êtes bien le reflet de notre humanité, répondis-je, de notre humanité qui s'effraie d'abord des grandes vérités et ne s'y accoutume qu'à la longue. Un jour, tout cela lui semblera le plus simple du monde et elle l'acceptera comme aujourd'hui elle accepte, bon gré mal gré, l'hypnotisme, dont elle riait naguère avant que nos savants docteurs eussent trouvé le nom dont il fallait décorer cette vieille découverte, qui court les rues depuis tant d'années, et qu'ils firent progresser, comme tout ce qu'on élabore. Mais il manque encore le véritable point d'appui nécessaire à la certitude de notre démonstration et qui consiste dans la réalité des fluides invisibles qu'il s'agit de vous faire connaître dans leur manière d'être.

XV

ORIGINE DES RADIATIONS ANIMIQUES

— Il faut vous pénétrer de cette vérité que tous les corps qui appartiennent à des assemblages d'êtres, même les corps les plus grossiers, comme le sont ceux de la matière compacte, projettent incessamment autour d'eux une grande quantité de rayons, quoique ces rayons puissent demeurer invisibles.

Prenez une bougie, qui est un corps inerte. Si vous l'allumez, vous pouvez la voir répandre sa lumière à l'air libre, pendant la nuit, à une très grande distance, l'observant de loin avec une forte lunette. Mais cette lumière n'est-elle pas la propriété intime de la collectivité des minéraux qui sont les éléments constituants de la matière de cette bougie ? On peut alors considérer chaque être atomique minéral comme assez puissant par lui-même pour projeter extérieurement à lui le rayon qu'il fait vibrer à cette distance, et cependant combien est incalculable la petitesse de ces chétifs atomes !

Au lieu d'un courant lumineux, s'il s'agit d'un courant électrique parcourant, à une grande distance, le fil d'un télégraphe, ce sont encore des atomes collectifs qui sont les générateurs de ce courant, qui est un courant invisible, et c'est aux radiations extérieures de chacun de ces petits êtres, réveillées par l'action chimique qui se produit dans la pile, qu'il faut attribuer la force véhiculaire du rayonnement.

Ainsi, l'action rayonnante de l'atome minéral suffit pour démontrer celle de l'être végétal, celle de l'être animal, celle de l'être humain.

D'ailleurs, si l'atome minéral possède la puissance radiante externe, d'où la tient-il si ce n'est de l'âme minérale dont je vous démontrerai plus tard l'existence ? Or, cette âme minérale est constituée à l'image de l'âme humaine, dont elle n'est que la réduction très amoindrie. Cependant, vous verrez paraître en elle un *moi-interne* pourvu d'un organe pulmonaire rudimentaire, un *moi-intermédiaire* et un *moi-externe*, dont le dernier est précisément l'auteur de ces transmissions radiantes puissamment projetées par l'action expiratoire du petit poumon animique.

C'est, en effet, cet organe qui permet, sous l'action du sens intime rudimentaire, d'exercer la projection radiante qui, autrement, ne pourrait avoir lieu au sein de cette âme.

Mais si l'âme du minéral nous démontre la présence des rayons qu'elle projette au loin, le même phénomène n'est-il pas également démontré pour toute autre âme et, par conséquent, pour l'âme humaine? Et, de plus, cette preuve d'existence deviendra entièrement certaine quand je vous aurai fait connaître de quelle manière se forment les rayons qui sont les éléments constitùants de toutes les radiations animiques.

Ces rayons prennent tous naissance dans le moi-externe de l'âme où on les considère, lequel est leur facteur. Ils se distribuent ensuite en trois faisceaux principaux : le plus inférieur de ces faisceaux, sortant de la double base crânienne et cérébelleuse (ou du cervelet), se répand dans la corporéité humaine qu'il anime et fait mouvoir dans tous ses organes ; le faisceau intermédiaire répand ses radiations dans tout le domaine cérébral et cérébelleux de l'âme humaine, ainsi qu'au sein de ses deux moi interne et intermédaire, afin de vivifier tout cet ensemble ; enfin le troisième faisceau, après avoir construit le moi-externe dans son organisation propre, émerge de ce milieu pour sortir du domaine de l'âme et se répandre au dehors dans le monde extérieur. Ce troisième faisceau se partage lui-même en deux sections dont la première compose les radiations dites *communicatives,* servant à établir les rapports réciproques avec la nature environnante et tous les êtres que cette nature renferme ; la seconde de ces sections sert à construire les radiations dites *transcendantes*, dont le propre est de concourir à la formation des attributs de la grande âme, dite *âme principale*, au sein de laquelle nous vivons.

Ainsi, ce sont ces radiations transcendantes de tous les êtres minéraux, végétaux, animaux, humains, vivant au sein des astres et des centres sociaux, qui sont les éléments originels au moyen desquels se composent les courants psychiques, auteurs primordiaux eux-mêmes, ainsi que vous l'avez vu, de toutes les constructions radiantes de l'âme humaine. De telle sorte que les radiations quelconques de cette âme, dans son domaine interne, sont le produit des radiations transcendantes de tous les êtres rudimentaires qui subsistent en elle. Combien donc sont importantes les radiations externes de tous les êtres puisque, à leur défaut, se trouveraient supprimés tous les actes pensants et même tous les phénomènes de la nature.

— Tous ces fluides, dont vous venez de parler comme étant les générateurs de la pensée, de quelle manière peuvent-ils constituer le caractère de l'individu animique ? Vous les représentez circulant incessamment dans le domaine de l'âme, mais ne se mêlent-ils pas les uns avec les autres et, dans ce cas, comment peuvent-ils former d'une manière correcte ce que l'on nomme les facultés pensantes ? En un tel dédale, on se demande comment se composent nos sentiments ou nos facultés intelligentes ? Il me semble que cela vous sera bien difficile à expliquer en faisant ressortir les mille nuances et les variations incessantes qui modulent le jeu de la pensée humaine.

— Au premier abord, je le comprends, vous ne voyez qu'une sorte de chaos dans ces amoncellements de fluides, si l'on peut s'exprimer ainsi ; mais remarquez qu'il s'opère parmi eux un premier triage dans les grands réservoirs accumulateurs, et que chacun alors,

4

suivant son espèce, est soumis à des lois tellement précises pour être conduit dans l'organe cérébral qui lui appartient, que la confusion n'est point possible. Et comme les actes radiateurs des êtres sociaux partiels qui vivent sur les astres du grand firmament, produisent la même faculté pensante sous les aspects les plus divers, puisque ces êtres innombrables sont si variés, faut-il s'étonner que toutes ces variations s'impriment dans la faculté animique qui se constitue dans la grande âme afin de lui communiquer le principe des nuances multiples dont elle est susceptible.

Puis, de même que plusieurs instruments de musique produisent entre eux des accords avec les notes qu'ils font entendre, de même le jeu des facultés dissemblables engendre des accords analogues résultant de leurs combinaisons réciproques.

Cependant, il faut faire abstraction de ces combinaisons pour rechercher les facultés principales qui, ainsi que toutes choses, dépendent de la série générale les renfermant toutes d'après un ordre sériaire préconçu. C'est cette série de facultés que je vais vous faire connaître afin de vous montrer l'ordre admirable qui préside à cette formation, qui est, en quelque sorte, celle de la pensée elle-même, car elle exprime les divers instruments dont celle-ci se sert pour se manifester.

XVI

LES FACULTÉS DE L'AME HUMAINE

Cette étude offre un très grand intérêt, car elle fait voir les moyens d'action dont nous nous servons pour exprimer tout ce qui est en nous. Or, cette expression de nous-mêmes est ternaire ; elle peut se manifester soit par nos sens, soit par nos facultés affectives, soit par notre intelligence.

De là, un vaste tableau sériaire se partageant d'après cet ordre divisionnaire.

Jetons d'abord un rapide regard sur les sens.

Jusqu'à nos jours, on n'en compta que cinq, tandis qu'il y en a neuf, comme il y a neuf facultés, dans l'ordre affectif et neuf autres dans l'ordre intellectif.

Ces neuf sens se partagent en trois groupes : le groupe des *sens passifs*, comprenant le goût, l'odorat et le toucher ; le groupe des *sens actifs*, déterminés par le sens auditif, ou de l'ouïe, le sens de la voix et celui de la vue ; le groupe des *sens régulateurs*, servant à diriger les autres sens et s'appliquant à l'étendue, à la durée et au nombre, ou au calcul.

Les sens sont complémentaires, c'est-à-dire qu'ils se complètent l'un par l'autre en s'accouplant deux à deux ; et même quand un des sens du couple est atrophié, ou vient à disparaître, son complémentaire le remplace jusqu'à un certain point.

Le goût et l'odorat sont complémentaires, car l'odeur se retrouve dans la saveur, et, d'autre part, lorsque nous voulons goûter d'un aliment dont nous cherchons à connaître la nature particulière, n'est-ce pas d'abord à l'olfaction que nous le soumettons ?

Le toucher et la vue se complètent également l'un par l'autre. Par le sens tactile, nous prenons acte de propriétés que la vision ne peut nous déceler, mais celle-ci nous fait reconnaître instantanément les espèces similaires, sans qu'il soit besoin d'un tâtonnement préalable. Et, d'autre part, l'œil nous fait découvrir avec la plus grande précision ce que le toucher serait impuissant à nous montrer.

Quand survient la cécité chez quelques individus, le sens tactile se substitue au sens visuel et on pourrait dire que l'aveugle voit, en quelque sorte, au moyen de ses deux mains. De même, si les mains sont paralysées, l'œil supplée au toucher et l'action sensorielle, quoique déplacée, n'est pas moins agissante, mais sous une forme différente.

L'ouïe et la voix composent également un couple dont on comprend la réciprocité. L'ouïe n'a sa raison d'être que par le son qui lui arrive afin qu'elle ressente l'impression que celui-ci doit produire. Le bruit est la voix de la nature, mais cette voix prend des intonations particulières quand elle est celle des animaux et quand elle est surtout celle de l'homme, manifestée par la parole. D'un autre côté, la voix a besoin de l'ouïe qui la répercute, car si elle n'était point entendue, elle serait entièrement inutile ; c'est pourquoi le sens auditif et le sens vocal sont complémentaires, puisqu'ils sont indispensables l'un à l'autre. Cette action complémentaire réciproque suffit pour démontrer que la voix détermine le *sens vocal*, dont le mécanisme, d'ailleurs, est soumis dans le corps humain, à des nerfs, sensitif et moteur, analogues à ceux que l'on rencontre parmi les autres sens qui jouissent de cette dualité nerveuse.

Les sens régulateurs se composent de même en couples : le sens de *l'étendue* et le sens du *nombre* ne sont-ils pas nécessaires l'un à l'autre ? L'étendue ne peut être supputée qu'en la mesurant, et on ne mesure que par le nombre. De même le nombre, quand il est concret, s'appliquant à toutes les choses matérielles, est inséparable de leur étendue quantitative.

Enfin, le sens de la durée, qui est intermédiaire entre le sens de l'étendue et le sens du nombre, trouve un complémentaire dans le sens vocal, si l'on considère que la voix ou le bruit sont inséparables de tout acte qui s'accomplit, car il n'est aucun mouvement qui s'exécute sans produire en même temps un son plus ou moins intense ; et comme la durée n'est autre chose que la succession continue des actes de vie, elle est intimement unie aux éléments qui accompagnent la formation de ces actes.

De même la voix ou le bruit ne peuvent se concevoir indépendamment de la durée, qui exprime la succession sonore plus ou moins rapide avec laquelle ils s'écoulent.

Chacun des neuf sens se montre sous les aspects les plus divers, comportant des gammes dont les notes particulières sont susceptibles de se combiner les unes avec les autres pour former des accords plus ou moins riches. Et, de plus, les facultés affectives, et principalement les passions, sont les agents moteurs des sens, comme les facultés intellectives en sont les régulateurs, en même temps qu'elles font leur éducation artistique et les dirigent dans toutes les voies du progrès.

XVII

LES FACULTÉS AFFECTIVES

LA VOLONTÉ

Si les sens composent trois groupes principaux : celui des sens passifs, celui des sens actifs, celui des sens régulateurs, pareillement les facultés affectives donnent lieu à trois grandes divisions, qui sont : la *volonté*, *l'amour*, et la *conscience*, exprimant successivement les trois principes *affectif passif*, *affectif actif* et *affectif régulateur*.

— Ne commettez-vous pas une erreur en classant la volonté au nombre des facultés affectives ?

Remarquez que le vouloir n'exprime par lui-même aucun sentiment affectif et qu'il agit un peu à la manière des mécanismes, c'est-à-dire qu'il ne ressent ni n'éprouve rien de sensible, et, par conséquent, n'appartient-il pas plutôt au groupe de l'intelligence, puisque la volonté est une puissance de réalisation ? Ainsi par exemple si je veux me jeter à la rivière, je puis le faire pour le plaisir de me baigner, ou bien d'une manière tout opposée ; je puis être sollicité par l'idée lugubre de m'ôter la vie en cherchant à me noyer. De part et d'autre, vous conviendrez que c'est la même volonté qui est agissante et que, dans chacune de ces circonstances si opposées, elle n'est ni folâtre ni attristée et que, par elle-même, elle semble entièrement indifférente à tout ce qu'elle accomplit.

— Vos réflexions ne manquent pas d'à-propos, mais je vais vous démontrer qu'elles manquent de justesse. La volonté, l'amour et la conscience doivent être considérés comme représentatifs du principe vital pensant. Or, la vie se compose de *force*, de *mouvement* et de *vitesse*; ce qui exprime que, dans la vie pensante, la volonté en est la force, l'amour en est le mouvement, la conscience en est la vitesse.

De même que, dans le principe vital, la force demeurerait perpétuellement latente ou inactive si elle n'était mise en activité par le mouvement, dont l'association engendre la force motrice; de même la volonté, se combinant avec l'amour, ne devient active qu'à cette condition, sous peine de demeurer constamment inerte et passive.

Mais du moment où la volonté est inséparable de l'amour, on conçoit qu'elle épouse toutes les alternatives de cet amour. De telle sorte que la volonté aime par l'intermédiaire de l'amour comme la force devient force motrice par l'intermédiaire du mouvement.

Vous venez de dire que la volonté de celui qui se baigne est indifférente à cet acte; mais, tout au contraire, ce qui meut cette volonté, c'est l'attrait que ressent le baigneur. Enlevez-lui cet attrait et celle-ci, manquant d'impulsion motrice, retombe à l'état d'inactivité. Si celui qui se jette à l'eau commet un acte de désespoir pour s'ôter la vie, c'est que la puissance volitive est animée et surexcitée par l'impression douloureuse qui émane du principe d'amour. Que ce sentiment pénible s'arrête et il est certain que la volonté suspendra aussitôt son cours et qu'elle n'accomplira pas l'acte criminel. C'est donc que le principe volitif est complètement soumis à son moteur, qui est l'amour.

Enfin la volonté, après avoir été mise en mouvement, dépend de la direction de son régulateur, qui est la *conscience*, laquelle dirige également l'amour, comme la vitesse est régulatrice de la force et du mouvement. Telle est la triple action de la vie pensante, basée sur les mêmes plans que la vie fonctionnante organique.

Arrêtons-nous maintenant sur la volonté, qui est la force animique. Vous verrez cette force volitive se fractionner en trois groupes : celui de la volonté *impérative*, celui de la volonté *morale*, celui de la volonté *réfléchie*.

Dans la volonté impérative, qui est la plus matérielle, se rapportant davantage aux nécessités et aux luttes de la vie, vous voyez le *courage*, *l'énergie*, la *ténacité*, comprenant chacun leurs éléments propres, lesquels s'appliquent eux-mêmes spécialement aux divers événements qui les sollicitent. Mais si la volonté impérative, au lieu d'être forte et puissante, n'est que la faiblesse de l'âme, cette volonté, alors, ne produira que les inversions du courage : ou la *lâcheté*, la *poltronnerie*, la *pusillanimité* ; que les inversions de l'énergie : ou la *faiblesse, la lenteur, la timidité* ; que les inversions de la ténacité : *l'hésitation*, *l'indolence*, *l'inconstance*.

Si c'est la volonté *morale* que l'on examine dans la *fermeté*, la *patience* et la *persévérance* ; si c'est la volonté *réfléchie*, représentée par *l'intention*, le *libre-arbitre* et la *détermination* ; de part et d'autre les termes de ces séries, après s'être partagés en d'autres termes secondaires, font voir comme précédemment des facultés volitives fautives marquant le contre-pied des facultés volitives normales.

Partout ailleurs que dans la volonté, dans l'amour et dans la conscience, se retrouve cette même dualité des facultés harmonieuses et des facultés fautives ; mais celles-ci s'atténuent au fur et à mesure que l'âme progresse et disparaissent quand cette âme s'élève à l'état de perfection plus ou moins déterminé.

XVIII

L'AMOUR

L'amour, considéré dans sa généralité, principe essentiellement moteur de l'âme, se signale par la *sensibilité*, par les *sentiments*, et par les *qualités* qui le partagent d'abord en ses trois grandes divisions principales.

La sensibilité, qui est la base primordiale de tout amour, exprime son essence la plus tangible, si l'on peut s'exprimer ainsi, car c'est elle qui se rapporte spécialement à ce qui touche aux sens, tandis que les sentiments sont plus particulièrement affectifs et les qualités plus profondément intellectives, la grande loi d'unité ou d'analogie se montrant constamment en tout et partout.

Dans la sensibilité, vous verrez les *émotions* qui, par *l'étonnement*, *l'admiration* et *l'espérance*, font surgir les premiers rudiments de l'attachement à la vie ; vous verrez les *entraînements* engendrer le *désir*, les *passions* et *l'attrait*. Les passions, qui sont les *énergies* si puissantes de la sensibilité, entraînent dans leur mouvement irrésistible tout ce qui se trouve sur leur passage lorsqu'elles ne sont pas modérées par la conscience, leur souverain régulateur.

— Que les passions soient réglées ou non par la conscience, elles n'en sont pas moins les pires agents du mal : ce sont elles qui nous sollicitent à mal faire, ce sont elles qui nous tentent sans cesse, nous détournant de nos devoirs ; aussi, ce que nous devons chercher d'une manière incessante, c'est de les supprimer en nous, car tant que nous les sentons nous agiter, elles nous conduisent à commettre toutes nos fautes les plus graves et même les actes les plus criminels. Je ne crois pas que vous puissiez, en cette circonstance, émettre un avis différent du mien.

— Eh bien ! sur ce terrain, je ne serai point d'accord avec vous, car vous ne voyez pas la puissance motrice incalculable qui réside dans les passions et sans laquelle l'âme, privée de toute espèce d'initiative, resterait complètement indifférente à quoi que ce soit. Supprimez la passion, vous éteignez le désir à sa naissance et *l'attrait* meurt, n'ayant plus sa raison d'être. En un mot, la passion disparaissant, vous anéantissez avec elle le ressort qui donne à l'âme sa plus grande virtualité.

Toutes les passions, contrairement à l'opinion que vous venez d'émettre, sont bonnes en elles-mêmes ; une seule chose est fautive en elles, c'est leur application anormale, ou les excès auxquels elles s'abandonnent. Mais, du moment où elles sont bien dirigées, où elles sont sagement modérées, elles deviennent les plus précieux collaborateurs des nobles mouvements de l'âme.

— Il vous est facile de nous dire de modérer nos passions ; mais tenez-vous compte des besoins souvent insurmontables de certains tempéraments ? Les sens chez un certain nombre, ne demandent-ils pas impérativement à être obéis, sous peine de porter atteinte à la santé ? La modération que vous demandez n'est donc que partiellement applicable et, d'ailleurs, puisque vous reconnaissez que les passions sont utiles, vous devez approuver ceux qui en usent largement.

— Je vous ferai remarquer que les passions que vous envisagez ici sont les passions essentiellement matérielles ; ce sont celles marquant les moindres valeurs et, par conséquent, les moins élevées ; voilà pourquoi elles demandent à être modérées sous peine d'être nuisibles dans le milieu social. Il est assurément chez certaines natures, des appétits très exigeants, mais ils correspondent généralement à des âmes dont les tendances sont encore très matérielles et peu pourvues de l'idéal générateur des besoins transcendants de la pen-

sée. Pour ces natures, les lois divines sont moins sévères lorsqu'il s'agit de satisfactions des sens qui ne sont
pas nuisibles à autrui, seulement leurs progrès animiques
sont plus longs pour se produire si elles ne sacrifient
rien pour ralentir l'avidité des jouissances qu'elles re-
cherchent, car celles-ci, nuisibles à la santé, favorisent
l'égoïsme du moi, paralysent d'autant l'exercice des
facultés affectives, comme elles retardent l'essor des
facultés intellectives.

Si l'esprit qui use abondamment de ces passions matérielles est déjà très cultivé, il possède assurément
une volonté ferme, une volonté morale, qu'il peut opposer victorieusement aux débordements qui pourraient
tenter de le faire succomber. S'il ne résiste que faible-
ment à la tentation coupable, ou s'il y succombe, les
lois de la nature sont plus sévères pour lui parce qu'il
a négligé de se servir de ses forces acquises, demeurées encore à l'état rudimentaire chez l'homme plus
primitif. C'est pourquoi les excès sont châtiés chez lui,
souvent d'une manière terrifiante, afin qu'il conserve le
souvenir de la faute commise et qu'il prenne garde de
la renouveler à l'avenir. Et, en effet, plus l'âme est développée, plus on doit exiger d'elle, ou bien alors elle
pourrait rétrograder sans retour possible, ce à quoi s'oppose toujours la loi providentielle qui ne laisse jamais
périr aucune âme. Aussi, la modération dans les passions est-elle une condition de progrès qui s'impose
avec force lorsque l'âme est suffisament cultivée pour
devenir maîtresse d'elle-même. C'est alors que, tout en
usant des passions, elle sait les diriger avec sagesse,
elle en écarte les abus et elle se garde d'être un élément nuisible pour tout ce qui l'environne.

Au-dessus des *passions sensorielles* proprement dites,
il y a les passions affectives, plus nobles que les précédentes quand elles s'appliquent à des besoins de nature
à faire progresser le milieu social. Cependant il en est
encore, parmi elles, qui sollicitent l'égoïsme, ou l'amour
de soi, entrant en concurrence avec l'amour pour au-

trui. Au nombre de ces passions, figurent les passions *corporatives* si utiles pour opérer les groupements harmonieux. Mais ces passions sont profondément nuisibles lorsqu'elles font surgir les partis qui s'entredévorent, sollicités par des ambitions malsaines donnant naissance aux haines réciproques.

Viennent ensuite les passions *ardentes* qui, mal dirigées, produisent les plus grands désordres, parce qu'elles entraînent spécialement vers les plaisirs, vers les passions sexuelles capricieuses, jetant le trouble dans les familles et vers les satisfactions passionnelles déterminantes des convoitises dont les plus dangereuses sont celles sollicitées par la triste passion du jeu. Mais si, au contraire, ces passions sont sagement conduites, la passion pour le plaisir, satisfait par des distractions nécessaires après de grands et laborieux travaux. La passion sexuelle qui se rapporte à l'objet tendrement aimé, fait ressortir les qualités qui le font idéaliser, atténue les défauts et embellit l'existence du couple ajoutant l'amour du cœur à l'amour de l'âme, cet amour du cœur étant intermédiaire entre la passsion des sens et la passion purement idéale. Enfin, les passions possessionnelles sagement conduites, au lieu de faire naître l'amour désordonné des richesses, sollicitent seulement l'amour de l'ordre, qui conduit à conserver sagement ce que l'on possède, sans s'opposer à l'essor des sentiments généreux.

Les passions intellectuelles sont d'un ordre supérieur encore : elles comprennent les passions économiques se rapportant à l'exercice de la production du bien-être sous la triple forme industrielle, artistique et sociale. L'amour de l'industrie est la puissante passion pour le travail utile, pour le travail indispensable à la vie de chaque jour. C'est là la passion la plus rudimentaire de l'intelligence. A cette passion succède la passion artistique qui embellit les produits engendrés par la passion industrielle, laquelle s'étend ensuite à la reproduction des richesses de la nature. Puis, au-dessus de ces passions, s'élève la *passion sociale*, celle qui doit régir les deux précédentes en recherchant les moyens les plus propres à rendre le travail fructueux pour tous et à embellir la vie de chacun, en lui faisant partager les productions du beau, si nécessaires à l'élévation des goûts et des habitudes, qu'il raffine, qu'il idéalise en les dématérialisant de plus en plus.

Les passions libérales marquent un degré supérieur encore, parce qu'elles ont pour domaine celui du travail de la pensée. Telles sont les passions pour les lettres, pour la polémique ou la critique littéraire, pour la poésie.

Enfin, apparaissent au sommet passionnel, les *passions pour les sciences* qui, souvent, absorbent la vie tout entière des savants, les conduisant parfois au plus noble sacrifice de leur temps, de leurs moyens d'existence et même de leur propre vie. Quelles passions plus élevées que celles-là, puisqu'elles répondent à tous les *desiderata* suprêmes de la loi de progrès qui est la loi des lois, la loi divine supérieure entre toutes ?

La sensibilité ne renferme pas seulement les émotions et les entraînements où se manifestent le *désir*, la *passion* et l'*attrait :* elle comporte les satisfactions intérieures : le *plaisir* qui peut devenir la *peine*, la *joie* susceptible de descendre à la *tristesse* plus ou moins profonde, le *bonheur* devenant le *malheur*.

Ce sont ces impressions intérieures qui sont les régulateurs de la sensibilité et qui dirigent nos passions elles-mêmes, auxquelles elles donnent les jouissances réelles lorsqu'elles s'accomplissent suivant le vœu des lois de la nature, jouissances se transformant en souffrances lorsque ces lois ne sont point obéies.

— Vous voulez démontrer que nos entraînements deviennent douloureux quand ils sont contraires aux lois que vous nommez les lois divines ; mais ne voyez-vous pas que ceux qui jouissent le plus amplement de tous les bienfaits de la vie possèdent simultanément le plaisir, la joie et le bonheur ? Au contraire, la peine est le lot du travailleur à outrance ; la tristesse envahit celui qui a fait le bien sans profit et qui n'en récolte que l'ingratitude et le malheur accable l'homme qui sait supporter les plus dures privations pour ne point porter atteinte à sa conscience.

— Croyez-vous donc que le *plaisir* auquel on se livre sans trêve ni merci donne des jouissances réelles ? La satiété survient très vite, et la satiété c'est l'indifférence destructive de la jouissance recherchée et qui ne se produit plus. L'ennui résultant de cet état anormal n'est-il pas une souffrance réelle ? D'ailleurs, l'homme qui se livre à la débauche détruit successivement en lui toute la gamme des sensations ; il arrive à ne plus rien éprouver, à ne plus rien ressentir. Ce serait peu encore que cet état d'indifférence si la maladie, qui est la conséquence fatale des excès, ne survenait pour enseigner à l'homme le code des lois pénales qui le menacent lorsqu'il oublie les limites qu'il lui est défendu de franchir. C'est alors qu'il paie durement ses écarts et que son corps, une fois dépouillé de la santé, est appelé à périr tôt ou tard malgré la guérison temporaire, sous les les dures étreintes de l'agonie souvent la plus pénible. Or, quelle peine est plus grande que celle là ! Tandis que celui qui a été sobre et modéré pendant tout le cours de sa carrière et qui en naissant, il faut le dire, a été épargné par les maladies héréditaires, celui-là, s'il n'a pas été victime d'accidents fortuits, s'éteint sans souffrance après une sereine longévité.

La *joie* ne serait, d'après vous, que le privilège de l'égoïste qui s'approprie toutes choses pour les posséder sans partage et en jouir, lui et les siens, au détriment des souffrants. Mais croyez-vous que cette joie inique fasse jamais naître les douces et nobles vibrations de l'âme qui accompagnent toujours l'accomplissement d'une bonne action ? Celui qui s'est vaillamment privé de son repas pour le donner à plus malheureux que lui trouve dans son sacrifice un aliment qui lui réconforte l'âme, lui faisant oublier la faim corporelle.

La douce émotion ressentie lorsqu'il a peut-être séché des larmes, cette émotion n'est-elle pas réellement une joie à la fois grande et profonde qui, par la suite, se retrouvera même encore dans le souvenir ?

L'égoïste impitoyable qui peut donner sans subir aucun sacrifice réel, est-il susceptible de jouir des douces émotions que nous venons de signaler ? Non seulement cette joie sublime lui échappe, mais plus il avance en âge, plus il ressent l'envahissement du remords qui lui reproche son incurable dureté. Celle-ci s'incruste sur son visage, où se peint le désespoir latent de cette conscience endolorie, ravagée par le mal qui l'étreint et que son ignorance du bien condamne à une souffrance qui ne se calme pas. Que cette âme plus ou moins altérée revienne vers une voie meilleure, qu'elle comprenne les grandes lois de la solidarité humaine, et sous l'influence de la pratique du bien, elle trouvera au fond d'elle-même des jouissances qui lui sont encore inconnues.

Le *bonheur*, qui exprime un état supérieur à la joie, est proportionnel à l'étendue des sensations intimes que nous sommes susceptibles d'éprouver et de bien comprendre. Ressentir le bonheur, ou être heureux, n'est-ce pas d'abord posséder le pouvoir d'apprécier ce bonheur, car ce que nous n'apprécions point nous laisse entièrement indifférents et ne peut nous procurer la sensation de félicité.

Ainsi, pour être heureux, il faut d'abord avoir l'intelligence d'appréciation de ce qui peut nous être agréable, de manière à engendrer tout à la fois le plaisir et la joie, l'un et l'autre étant indispensables à la formation du bonheur. Et, en effet, le bonheur étant incompatible avec la peine, comme il est incompatible avec la tristesse, il ne peut exister qu'autant qu'il renferme le contraire de ces deux états douloureux de l'âme. C'est pourquoi celui qui est réellement heureux par le bonheur ressent toutes les jouissances normales du plaisir et toutes les jouissances normales de la joie, auxquelles s'ajoutent celles du bonheur proprement dit, qui s'expriment par la plénitude de la satisfaction morale et intellectuelle, la première se traduisant par l'amour réciproquement reçu et donné dans le milieu d'existence, et la seconde par l'élévation de la pensée.

XIX

L'AMOUR (SUITE)

Au-dessus de la sensibilité dont je viens de vous donner le succinct exposé, se trouvent les sentiments qui se traduisent par la *mansuétude*, *l'affection* et *l'attachement*.

Qu'est-ce que la *mansuétude*, ci ce n'est la *douceur*, *l'aménité* et la *délicatesse*, qui ont pour opposé la *dureté*, *l'impolitesse* et *l'indiscrétion*. De là, les premiers points d'appui de l'affection proprement dite, qui ne peut se manifester sans le concours de cette douceur qui est le premier charme attractif de l'âme, de cette politesse qui marque la déférence sans laquelle le sentiment ne peut être sérieux, de cette discrétion qui exprime le respect sacré pour la dignité de l'être.

L'affection domine la mansuétude, car elle n'est autre chose que l'amour lui-même sous ses aspects multiples : elle est *l'amour familial*, elle est le doux *amour du couple*, elle est *l'amour universel*.

Sous ce triple aspect, l'amour est la flamme divine qui répand sa chaleur fécondante sur tout ce qui l'environne ; il est le moteur tout puissant qui anime la volonté, ou la force de l'âme, comme il anime la conscience pour lui communiquer les énergies qui la multiplient en quelque sorte, comme le mouvement est le multiplicateur qui engendre la vitesse.

Si l'amour pouvait jamais disparaître de la nature, comme il est l'auteur perpétuel de toutes les attractions réciproques, on verrait tout s'éteindre dans le repos absolu, qui serait la mort absolue. Ainsi donc, aimer c'est mouvoir, aimer c'est agiter tout ce qui est, c'est fonder et régénérer sans cesse le mouvement universel ; aimer c'est donc à tout instant engendrer la vie.

Le contraire de l'amour, qui est la haine, est encore le mouvement, mais le mouvement anormal, comme la haine est l'amour anormal ; mais tandis que le premier engendre toutes les harmonies, le second engendre toutes les discordances, tous les désordres, toutes les cacophonies parmi les âmes qui sont discordantes.

Il en est qui, par ignorance, nomment parfois l'amour : sensiblerie. Mais souvenez-vous que l'amour ne peut être la faiblesse ; car, si le mouvement est le propulseur de la force, l'amour étant le propulseur de la volonté, qui décèle une puissance agissante, on peut en déduire que les âmes sensibles sont en même temps les âmes les plus fortes. Quoi donc de plus sensible que l'amour maternel et quoi de plus fort que cet amour?

L'amour familial est la base primordiale et fondamentale de tout amour. C'est lui qui, chez l'enfant, développe les premières affections, qui sont celles qu'il éprouve pour la parenté. Mais cet amour familial a ses différents degrés ; le plus inférieur est celui que l'on éprouve pour les collatéraux, et cependant l'amour fraternel y occupe déjà une large place.

L'amour pour les parents, qui est celui des enfants pour leurs auteurs, est grandement surpassé par celui des parents pour leurs enfants. En cela, la nature n'a-t-elle point été profondément prévoyante, en communiquant surtout à l'amour maternel sa toute puissance, parce que c'est à la mère qu'il appartient de donner à l'enfant la vie externe primitive, comme elle lui donna la vie interne en son sein quand elle construisit son corps. Puis c'est au père, quand le rejeton est devenu grand, qu'il appartient d'achever l'œuvre maternelle en développant en lui l'intelligence pour préparer sa place dans le milieu social.

L'enfant, de son côté, doit rendre à la mère et au père ce qu'il a reçu de leur amour, et sa sollicitude pour chacun d'eux doit être incessante, surtout quand il s'agit de les seconder dans leurs vieux jours, afin de leur servir soit d'appui matériel, soit d'appui moral.

Les grands parents ont aussi leur part d'amour qu'ils récoltent dans la famille, tandis qu'eux-mêmes, entraînés par la loi des contrastes, apportent une affection toute particulière à leur descendance.

De tous les amours, l'amour du couple est celui dont les attractions sont les plus grandes, lorsque ce couple s'est formé d'après les lois de la nature. Ces lois, quelles sont-elles? Elles remontent jusqu'à la création primitive des âmes, où une âme masculine et une âme féminine, déposées dans le même berceau, sont écloses en même temps sous le souffle de Dieu qui les anima quand il les fit sortir du néant de la vie. Et comme toutes les âmes ont une existence éternelle, ainsi que vous le verrez bientôt, les couples d'âmes sont destinés à vivre de la même vie, se retrouvant plus ou moins souvent dans les premières étapes de leurs différentes carrières, pour ne plus se quitter quand les âmes ont acquis l'une et l'autre les perfections réciproques qui donnent finalement à cet amour un charme éternel, qu'aucun autre amour ne pourrait atteindre jamais.

Enfants animiques jumeaux dès l'origine, comment ces deux âmes n'auraient-elles pas l'une pour l'autre cette immense tendresse que nous voyons se manifester déjà chez les êtres de même sexe qui sont nés ensemble? Tel est le secret des affections si vivaces qui, souvent parmi nous, unissent les couples, dont les deux membres sont entraînés l'un vers l'autre par la plus touchante tendresse, par le dévouement le plus inaltérable.

Il est vrai que ces couples sont rares encore parce que notre humanité, si jeune elle-même, ne comporte que peu de progrès accomplis. Combien, même parmi les couples jumeaux qui s'unissent, sont encore remplis de vices ou de défauts s'opposant à la fidélité réciproque de leurs membres, encore aveugles et, le plus souvent, incapables de se reconnaître. Mais, au fur et à mesure qu'ils arrivent à se retrouver, d'une manière inconsciente il est vrai, attirés l'un vers l'autre par un invincible attrait, ils fondent d'une manière de plus en plus sérieuse les bases de leur alliance éternelle.

— La manière dont vous venez de former ces couples d'âmes me paraît entièrement incompréhensible. Vous les faites naître l'une et l'autre de la même mère, ce qui conduirait à admettre que tous, ou à peu près tous, nous naissons à l'état d'êtres jumeaux, ce qui est cependant la très rare exception dans l'espèce humaine ; car notre âme n'est-t-elle pas créée en même temps que notre corps dans le sein maternel ?

— Vous émettez là une erreur profonde : votre âme ni la mienne n'ont pas été engendrées par nos parents et, bientôt, il vous sera facile de comprendre que si vous n'aviez vécu encore qu'une première fois, vos facultés animiques seraient ébauchées à peine et que tout ce que vous avez d'humain serait rudimentaire en vous. Admettez donc cette hypothèse, qui vous sera démontrée, et vous verrez se composer d'une manière toute naturelle les couples jumeaux se formant et se reformant à la suite des carrières multiples qui sont la loi nécessaire d'existence des êtres qui revêtent un corps temporaire s'adjoignant à leur âme.

— J'attends la justification de cette hypothèse, qui est celle de la métempsychose, pour laquelle j'ai très peu d'attrait.

— Passons donc sur ce point qui sera élucidé plus tard, et jetons un rapide regard sur *l'amour universel* qui est le couronnement suprême de tout amour. Cependant, celui-ci exprime des gradations qui en mesurent l'importance successive. On voit d'abord figurer l'amour pour les règnes inférieurs, amour qui s'étend de l'être individuel, dans l'espèce, à l'être collectif.

Nous pouvons aimer un animal, individuellement, avec un très grand attachement, comme nous pouvons aimer les animaux en général et prendre leur défense contre ceux qui les persécutent ou les maltraitent injustement. Quand les végétaux seront mieux connus, on les aimera aussi en tant qu'êtres et il en sera de même des minéraux, en vertu de la destinée ultérieure qui attend tous ces êtres pour les conduire au sein d'existences meilleures.

A l'amour pour les règnes inférieurs succède un autre amour plus élevé, celui pour l'humanité, nommé amour humanitaire. Cultivons un tel amour, car il exprime celui que nous devons porter à la grande famille collective, résultant de l'amour des familles consanguines. Sous cet aspect, l'humanité apparaît comme une famille unique dont tous les membres ont des droits égaux à notre sollicitude.

Quand l'amour humanitaire sera bien compris parmi nous et que nous serons bien convaincus que tous les hommes sont nos frères par l'âme, que toutes les femmes, que toutes les jeunes filles sont nos sœurs: pour ces frères en l'humanité, nous éprouverons une si grande tendresse que nous voudrons faire cesser toutes les misères, toutes les douleurs qui les accablent ; pour ces sœurs en l'humanité nous aurons le même respect que pour nos sœurs consanguines et nous serons les défenseurs de leur honneur.

En ce temps-là, plus de guerres fratricides, plus de haines parmi les peuples, qui ne seront plus qu'un seul peuple ; en ce temps-là plus de honteuse prostitution, parce que la femme, aimée et respectée, deviendra le doux idéal dans le couple d'amour, et les mœurs, épurées par l'élévation des âmes, rendront pures et faciles toutes nos relations sociales.

Au-dessus de l'homme, ou du règne humain, je vous ferai reconnaître l'existence nécessaire d'autres êtres, d'autres règnes supérieurs au nôtre, et ceux-ci une fois connus, nous inspireront assurément la grande part d'amour qui leur est due en raison de leurs hautes perfections acquises par leurs labeurs sous l'impulsion de la loi de progrès.

Enfin, au-dessus de cet amour s'élève l'amour éminemment transcendant, l'amour divin, l'amour que nous adressons au Dieu connu de nous, au Dieu qui est notre père car il est le père de nos âmes. Connaissant ses perfections immenses, connaissant l'amour immense qu'il a pour nous, nous apprendrons à l'aimer comme on aime tout ce qui excite l'admiration et le respect, et qui peut nous inspirer l'admiration et le respect au degré suprême, si ce n'est Dieu?

— Vous prétendez que Dieu professe pour les hommes un très grand amour, mais comment conciliez-vous cet amour avec les durs châtiments qu'il nous fait subir? Au contraire, ne le voyons-nous pas incessamment vouloir se venger de nous en nous infligeant, même sans motif compréhensible, les douleurs provenant des fléaux nombreux dont il accable la terre?

— Si vous reconnaissez Dieu comme étant le créateur et le père de nos âmes, vous verrez qu'il ne se départit jamais de son rôle paternel.

Un père prévoyant, que fait-il pour élever son enfant, l'enfant pour lequel il éprouve la plus grande tendresse? Il lui enseigne dès la plus tendre enfance ce qui peut lui nuire, et si le jeune enfant ne le comprend pas, n'est-il pas obligé, pour être sûrement interprété, de faire subir à son élève dans une certaine mesure la douleur qui le menace? Pour apprendre à cet enfant à se méfier du feu, il lui approche les mains d'un foyer ardent afin de lui faire ressentir les premières atteintes de la souffrance qui, prolongée, deviendrait la brûlure, et cela pour que, livré à lui-même, il puisse se garer de ce danger. Si, par la suite, celui-ci s'expose quand même au feu qui le brûle, reprocherez-vous au père d'avoir été l'auteur de ce malheur?

Il en est de même, cependant, des lois divines ; elles

nous avertissent par la souffrance qu'il ne faut point les enfreindre. Si nous subissons la maladie et les douloureux effets qui l'accompagnent, c'est pour nous avertir d'avoir à éviter les excès qui, fatalement, conduisent à la mort corporelle. Si ces excès ne déterminaient pas la douleur physique qui tend à les arrêter dans leur cours, on verrait tous les hommes faibles et inexpérimentés, marcher vers une destruction corporelle rapide, et bientôt l'humanité aurait péri tout entière.

La souffrance, que vous reprochez aux lois divines de nous infliger, est donc le meilleur garant de la continuité de notre existence, puisqu'elle nous évite de périr d'une manière inconsciente, comme le papillon qui se précipite follement dans la lumière de la flamme où il vient se brûler.

De même que le corps, l'âme souffre pour pouvoir se conserver et progresser ; ce qui la sauve, c'est le remords avec ses douleurs poignantes et, afin de les éviter, de les fuir, elle revient au bien pour se calmer, pour se guérir des tortures qui la dévorent.

N'accusons point Dieu de nos douleurs corporelles et morales qui, au contraire, sont les agents de notre guérison et de notre réhabilitation. Ce qui est fautif en nous, c'est notre ignorance des lois divines ; étudions ces lois pour leur obéir, pour nous soumettre à ce qu'elles nous demandent, et nous éviterons les maladies du corps et celles de l'âme, qui se traduisent par les angoisses de la conscience fautive.

La divinité n'est donc point responsable de nos erreurs, cause fatale de tous nos maux, pas plus que le père n'est coupable des erreurs de ses enfants, et de même que celui ci fait tous ses efforts pour redresser les coupables, de même les lois de Dieu, agissant d'une manière analogue, sont constamment vigilantes et actives, usant de tous les moyens les plus ingénieux afin d'éclairer les âmes ignorantes en les plaçant successivement dans les situations où elles peuvent s'éclairer et rejeter peu à peu loin d'elles les épaisses ténèbres de l'ignorance.

— La manière dont vous expliquez l'amour divin pour la créature, nous montre, ce me semble, un amour bien sévère et je ne vois guère en lui la tendresse du père ou de la mère pour son enfant. Si donc Dieu nous aime d'une façon si calme, lui devons-nous un autre amour, un amour plus grand que celui qu'il nous donne ?

— Si vous connaissiez les immenses labeurs de la vie divine s'appliquant à l'existence continue et au progrès incessant de tous les êtres, vous ne parleriez point ainsi. Mais bientôt vous verrez, vous comprendrez la sublime sollicitude des lois de la nature, exécutives du plan divin, dont il n'est pas un seul être qui ne soit tributaire, de telle sorte que si Dieu venait un seul instant à suspendre l'exercice de ses sublimes travaux, il n'est pas un seul être qui ne fût instantanément plongé dans le néant de la vie. Si, donc, nous donnons notre admiration aux parents qui travaillent sans relâche pour assurer l'existence de leurs enfants, Dieu n'accomplit-il pas une tâche analogue à l'égard de l'universalité des êtres ? Ne lui devons-nous pas la même admiration, ne devons-nous pas un amour immense à sa grande âme qui se sacrifie pour nous faire grandir par la perfection, afin de nous élever, vers elle et de nous donner le bonheur acquis par nos propres mérites ?

L'affection, qui renferme, ainsi que nous venons de le voir, toutes les formes de l'amour proprement dit, l'affection est corroborée par l'*attachement*, qui se traduit par la *sympathie, la tendresse* et le *dévouement*. Ces trois éléments supérieurs du sentiment lui apportent toutes ses raisons d'être.

D'abord, si la sympathie n'existe pas, l'affection est impuissante à se manifester, surtout quand c'est l'antipathie qui s'est fait jour. La tendresse naît de la sympathie, et quand cette tendresse a pris toute sa croissance, elle se traduit par le dévouement sans limites qui est la sublime couronne du sentiment, qui est le plus noble élan du véritable amour, qu'il soit l'amour familial, l'amour du couple ou l'amour universel.

XX

L'AMOUR (SUITE)

Les sentiments, dont je viens de vous faire connaître les trois termes généraux : la *mansuétude*, l'*affection* et l'*attachement*, ont pour guides les *qualités* qui comprennent trois divisions principales : *le respect de soi*, *la foi* et la *grandeur d'âme*. Si ces trois chefs de qualité faisaient défaut, les sentiments manqueraient de solidité et ne seraient qu'éphémères.

Pour aimer les autres, il faut d'abord avoir en soi les qualités qui doivent inviter à nous faire aimer nous-mêmes. Et comment pourra-t-on nous aimer si nous n'avons le respect de notre propre personne afin d'inspirer ce respect à autrui ? Or, pour nous respecter, nous devons avoir en nous la *pudeur*, nous protégeant contre l'*impudicité* qui est le propre des âmes corrompues, vivant encore dans les bas-fonds du vice. La *réserve*, qui est contraire à *l'impudence*, nous attire la considération, parce que cette réserve est l'indice du respect que nous portons aux autres pour ne les blesser d'aucune manière, et blesser les autres, c'est nous manquer de respect à nous-mêmes par la faute que nous avons commise. Enfin, la *dignité* complète le respect de soi et rayonne comme une auréole autour de celui qui la possède, car celui qui se sent indigne courbe la tête au dedans de lui-même, et n'est digne que celui qui est vraiment vertueux. Aussi, l'homme indigne, chargé de honte, se montre-t-il dans le *cynisme*, qui est la marque de son avilissement, se faisant une sorte de gloire de ses infamies ou de ses forfaits.

La *foi* est également un des guides du sentiment. Elle se manifeste par la *confiance*, par la *conviction*, par la *croyance.*

Comment l'affection peut-elle être sincère en l'absence de la *confiance*? Du moment où elle est envahie par la méfiance, du moment où la foi profonde dans l'être aimé se trouve 'ébranlée, cette affection a perdu toute sa suavité, elle s'obscurcit peu à peu et, de lumière qu'elle était, elle devient ombre et menace de s'anéantir, à moins que puisse renaître dans tout son éclat la confiance des premiers jours.

La *conviction* et la croyance s'appliquent plutôt à des principes conduisant vers les sources premières des choses, qu'aux êtres individuels. Toute conviction touche à la vérité démontrée sans pouvoir la déterminer d'une manière absolument tangible. C'est pourquoi ce qui s'oppose à la conviction, c'est le *doute*, et le doute, c'est la proclamation de toutes les insuffisances fondées ou mal fondées, celui qui vit dans l'incertitude permanente ayant pour habitude de n'accepter que ce qui est entièrement positif.

Mais le domaine du positif et du tangible est très étroit, puisqu'il ne s'étend qu'aux choses visibles, et c'est l'invisible, au contraire, qui remplit la nature presque tout entière. Aussi le sceptique demeure-t-il impuissant pour entrer dans le vaste champ des découvertes, car, pour saisir ce qui est abstrait, il lui manque la vue de l'esprit qui, précisément, a le don de voir les invisibles et de démontrer leur existence par la puissance du raisonnement étayé sur la logique. Et comme la logique est la propriété culminante de la raison, elle apporte la certitude dans les convictions qui se sont appuyées sur elle. Et comme la logique ne peut tromper jamais quand elle est assise sur ses véritables bases, la conviction devient certitude toutes les fois qu'elle comporte en elle les éléments du vrai.

La *croyance* peut être réelle ou erronée. Elle est réelle lorsqu'elle se compose de convictions démontrées formant entre elles un tout scientifique, surtout quand ces convictions reposent elle-mêmes sur des sciences soit abstraites, soit concrètes ; elle est erronée lorsqu'elle n'a pour point d'appui que les affirmations de l'imagination, et c'est alors qu'elle ne peut présenter les caractères de la certitude.

Le scepticisme rejette toutes les croyances, qu'elles soient rationnelles ou erronées ; c'est pourquoi en face de la croyance il devient la *négation* ; mais la négation, qui est la destruction du monde de l'invisible, encourt les risques de combattre de nombreuses vérités. Incapable de rien fonder, la négation de parti-pris est l'équivalent de l'ignorance, puisque douter d'une chose, c'est ignorer sa réalité ; et, par suite, celui qui nie tout est l'ennemi de tout progrès, car le progrès ne s'engendre jamais que dans l'inconnu, et, pour le faire naître, il faut chercher ses germes au sein des *convictions*, qui préparent sa venue par l'étude et la recherche du vrai dans la logique des choses.

Tels sont les trois éléments constitutifs de la foi. Et la foi, quand elle s'élève pleine de confiance dans la divinité, pour proclamer que les œuvres de Dieu sont toujours des œuvres de justice, des œuvres d'amour, la foi exprime une qualité essentiellement affective, qui affirme la sécurité absolue que l'on éprouve à l'égard du sublime auteur de toutes choses.

La troisième des qualités fondamentales, c'est la grandeur d'âme, qui se traduit par la *résignation,* le *désintéressement* et la *bonté.*

Se résigner, ce n'est point accepter la défaite dans la lutte qui peut rendre la victoire. Notre devoir est de combattre la mauvaise fortune par le courage, par la force de caractère, et jamais nous ne devons nous laisser abattre par les revers. Mais, quand nous sommes entièrement vaincus, ne faut-il pas prendre vaillamment notre parti des malheurs qui nous surviennent ? C'est ce courage moral passif qui se nomme la *résignation,* et la résignation est d'autant plus nécessaire,

quand les souffrances sociales ou les douleurs corporelles nous surviennent à la suite de nos propres fautes.
C'est alors que nous devons savoir supporter sans mur-
murer les afflictions qui sont presque toujours la conséquence de nos actes, et nous préparer pour réparer
autant qu'il est en notre pouvoir le mal que nous avons
commis. Se résigner, c'est donc savoir vaillamment
souffrir, et cette souffrance est d'autant plus méritoire
quand elle est supportée pour alléger de leur lourd
fardeau ceux qui sont atteints avec nous par nos malheurs.

Le *désintéressement* exprime l'abnégation du moi ;
c'est en cela qu'il est un des guides les plus sublimes
des sentiments, car pour aimer les autres avec une
noble ardeur, il faut oublier de s'aimer soi-même. Or,
celui qui est désintéressé n'a pas de besoins personnels
à satisfaire, ne possède en quelque sorte rien qui soit
réellement à lui ; il donne et croit rendre aux autres
tout ce qu'il s'impose de partager avec eux.

Une qualité sublime, la *bonté*, est le couronnement
suprême de tout amour, car elle est l'amour lui-même
dans sa plus haute expression. Celui qui est bon sait
tout aimer, il a le désintéressement, il a la résignation
pour se sacrifier lui-même, il a les attachements, il a
les affections, il a la mansuétude, comme il possède en
lui toutes les formes élevées de la sensibilité. O bonté !
quand tu régneras sur toute la térre, la méchanceté,
l'amour de soi ayant disparu, tous les hommes s'aime-
ront entre eux, ils jouiront tous du même honheur,
parce que ce bonheur aura été distribué à pleines mains
par l'amour.

XXI

LA CONSCIENCE

Si l'amour régnait parmi les hommes dans toute sa splendeur, dans toute ses harmonies, la conscience, qui est en soi la *vérité*, la *justice* et le *devoir*, serait à peine nécessaire pour les guider dans l'exercice de leurs actes parce que l'amour réel, l'amour normal est inséparable de la vérité, comme il est inséparable de tout ce qui est juste, de tout devoir à accomplir.

Mais les hommes se déchirent entre eux parce que beaucoup se haïssent, et surtout parce que leurs intérêts étant opposés, ils croient que leur avantage est de se tromper et de se dépouiller les uns les autres.

De là l'absence encore très fréquente de la *vérité* qui devrait régner par la *probité*, par la *loyauté*, par la *clarté d'âme*.

Lorsque l'âme a été peu développée encore, elle est profondément égoïste et cherche à s'approprier tout ce qu'elle peut dérober sans témoins qui la condamnent.

N'ayant encore aucune conviction bien formée, elle ne croit point aux peines ultra terrestres et n'a d'autres craintes que celles de tomber sous les coups de la justice humaine. Aussi ignore-t-elle la *bonne foi*, dont elle se raille, elle méconnaît *l'honnêteté* et n'éprouve aucun *scrupule* pour mal faire.

Tant que l'âme demeure dans les bas-fonds de l'improbité, elle est entièrement incapable de loyauté, parce qu'il lui manque la *franchise*, la *sincérité* et la *droiture;* aussi est-elle déloyale parce qu'elle est encore dans la *fausseté*, la *dissimulation* et *l'hypocrisie*. Ce n'est donc qu'en acquérant d'abord la probité sous sa triple forme fondamentale que l'âme peut voir naître la loyauté.

Puis, à celle-ci s'ajoute bientôt la clarté d'âme, qui donne au regard sa belle limpidité se manifestant par la *sérénité*, la *véracité* et *l'honneur*.

La vérité, avec tous les éléments qu'elle comporte en elle, est la première assise de la conscience. Là où elle fait encore défaut, cette conscience n'est point encore née dans l'âme qui demeure sujette à toutes les erreurs morales, livrée qu'elle est à *la noirceur*, au *mensonge* et à *la fourberie*.

La *justice*, nous l'avons dit, ne peut subsister sans l'amour, non plus que la vérité, car pour être juste il faut avoir en soi le sentiment d'équité qui doit accorder à chacun ce qui lui est dû. Du moment donc où vous êtes inique envers quelqu'un, c'est que vous professez pour lui la haine au lieu de professer l'amour. Et nous devons être équitables même envers le plus coupable, sous peine de devenir coupables nous-mêmes.

— Eh quoi ! vous avez de l'amour humanitaire pour les criminels, au lieu de les voir avec horreur ainsi qu'ils le méritent ! Vous vous imaginez que vous les aimez, ce qui me semble, je vous l'assure, bien étrange. Je comprends qu'on ne les fasse pas souffrir injustement et même qu'on les traite avec moins de rigueur qu'on ne le fait aujourd'hui ; mais de là à les aimer, il y a tout un abîme que, pour ma part, je ne suis nullement disposé à franchir.

— Rappelez-vous bien ce que je vous disais naguère, que Dieu est le créateur de toutes nos âmes et qu'il n'en est point une seule qui ne soit son enfant animique, comme nous sommes les enfants corporels de nos parents.

Or, ne considérons-nous pas comme un devoir pour le père de famille d'aimer tous ses enfants, non point qu'il lui soit défendu d'avoir des préférences pour ceux qui sont les plus méritants, mais ce que lui enjoint son titre de père, c'est de veiller avec sollicitude sur les plus réfractaires, afin de les ramener au bien quand ils s'en écartent. Et alors, quand il a réussi dans son œuvre, quand il a ramené au bien ceux qui s'étaient égarés d'abord, et qui veulent acquérir autant de qualités que leurs frères les meilleurs, condamnerez-vous ce père d'avoir rendu la plénitude de son amour à ses enfants repentis?

Dieu, qui est le père suprême de tous les êtres, n'agit point autrement. Il ne maudit jamais aucun de ses enfants, même les plus monstrueux, parce qu'il sait à l'avance que ces grands coupables, encore plongés profondément dans l'ignorance morale, seront un jour moins mauvais et, à la longue, deviendront bons. Le mal, il faut le bien comprendre, résulte toujours de l'ignorance de celui qui le commet. C'est en cela que l'enfant humain dans son âme ressemble à l'enfant corporel, à l'enfant dont le corps n'est point encore suffisamment développé dans ses organes cérébraux pour penser et agir avec discernement.

Condamnerez-vous jamais à mort un jeune enfant pour les fautes les plus abominables que vous lui aurez vu commettre? Non, certainement, parce que vous reconnaîtrez qu'il est encore presque irresponsable. N'en est-il pas de même pour le jeune enfant animique humain qui, pour jouir d'un corps très complet, n'en est pas moins encore très arriéré dans son âme? Cet être, direz-vous, possède son libre arbitre; oui assurément, mais, ce libre arbitre, le jeune enfant corporel dont nous parlions tout à l'heure l'avait aussi, et vous avez reconnu sans doute que sa culpabilité n'était pas assez complète pour lui infliger les dures condamnations pénales que l'on applique à l'homme fait. C'est-à-dire que le libre arbitre, comme toutes choses, n'est jamais absolu et se compose de très nombreux degrés, qui sont autant de *relatifs* les uns par rapport aux autres.

D'après ce principe de souveraine équité, il n'est jamais de coupable qui le soit d'une manière absolue; son degré de culpabilité est en raison directe de son avancement dans la vie, c'est-à-dire selon qu'il sera plus ou moins âgé par son âme dans l'humanité, d'après le nombre de ses carrières humaines antérieures et la somme de sa valeur acquise. Si donc un de nos enfants, se rapprochant de l'adolescence, commet les mêmes

fautes que ses frères beaucoup moins âgés que lui, il
est assurément plus fautif à nos yeux, et il en sera de
même pour le coupable qui marque son âge animique
dans le développement des facultés dont il fait preuve.
Pour celui-là, il est certain que le châtiment doit être sévère, tandis qu'il doit être plus doux pour le jeune enfant animique.

D'après cela, ce que doit rechercher la justice,
c'est la culpabilité, non pour la punir, mais bien plutôt pour la guérir et enseigner à l'âme enfantine encore
les devoirs qu'elle méconnaît, comme le père enseigne
à son enfant ce qu'il faut faire pour ne plus retomber
dans les mêmes fautes. Or, quel est et quel doit être
le guide de tous les enfants sociaux, si ce n'est la société
elle-même? Comme Dieu, son souverain modèle, si elle
use de la vigueur des lois pour redresser les coupables,
elle doit toujours, non seulement leur laisser la voie
du repentir, mais bien plus encore : son propre devoir
lui impose de travailler à leur réhabilitation, de leur
enseigner la bonne voie qu'ils doivent suivre afin de
faire d'eux, peu à peu, des gens de bien.

Voici maintenant ce que doit être la justice, par
l'*impartialité*, par la *justice distributive*, par l'*austé-
rité* de celui qui juge.

Pour que la justice soit impartiale, il faut qu'elle
procède : par esprit d'*égalité*, rejetant le *favoritisme*;
par esprit de *neutralité*, indépendant de toute *par-
tialité*; par esprit d'*équité*, qui rejette au loin l'*iniquité*
infligeant la punition injuste.

Mais là où la justice doit être scrupuleuse envers elle-
même, c'est dans la *justice distributive*, qui embrasse
le *juste châtiment*, l'*atténuation* et la *récompense*.

Le juste châtiment est-il jamais bien réel avec les
rigueurs implacables de nos lois? D'abord, la société
n'a jamais le droit d'ôter la vie à aucun de ses enfants
pas plus que le père lui-même, parce qu'elle n'a point
à se venger, mais bien, au contraire, à guérir celui
qui a commis la faute.

L'état social, direz-vous avec vérité, doit se garer des malfaiteurs dangereux, qui menacent la sécurité publique. Son devoir est de les mettre hors d'état de nuire; mais, pour cela, est-il jamais nécessaire d'appliquer la peine capitale?

Le châtiment qui outrepasse le droit humain devient le châtiment injuste, et ce droit est outrepassé quand on ferme au coupable la voie du repentir. Au lieu de tuer, la société doit régénérer, doit faire enseigner à l'homme déchu le devoir qu'il a méconnu et dont la pratique peut le ramener à la dignité humaine et au bonheur par la conscience améliorée. C'est là la seule manière de faire disparaître tous les forfaits, qui ne sont que la conséquence de l'ignorance de ceux qui les commettent.

— La philanthropie est une belle chose, mais ne voyez-vous pas qu'à l'égard du criminel elle n'est qu'une creuse utopie ? Pour arrêter le bras du meurtrier, il faut la terreur du châtiment qui le menace ; la peine de mort lui donne à réfléchir et le fait reculer devant les chances qui peuvent le conduire à endurer le dernier supplice. Supprimez le bourreau et vous doublerez le nombre des assassins.

— Avez-vous bien réfléchi sur les causes déterminantes de la criminalité? Elles proviennent de deux sources différentes : de la perversité native et de la perversité du milieu.

L'homme pervers est généralement né avec ses mauvais instincts : le mal est en lui parce que son âme, très jeune encore dans l'humanité, n'est ébauchée que bien imparfaitement dans sa conscience. A cet état d'enfance animique, il ne comprend que la satisfaction de ses besoins corporels ; n'en ressentant pas d'autres encore, il veut la jouissance matérielle à tout prix, et, pour se la procurer, il use de tous les moyens, même des plus coupables. Il y a donc beaucoup d'ignorance dans cette âme, et comment la modifier si ce n'est en lui enseignant le vrai qu'elle ignore?

La seconde source de la criminalité est celle du milieu corrompu dans lequel vivent en commun les âmes perverses, qui attirent à elles des individualités moins dégradées, qu'elle contaminent bientôt par leur dangereux contact. Là encore, c'est l'ignorance qui fait succomber ces victimes ; si elles eussent été préservées de la contagion du mal, elles n'auraient point été ajoutées à la liste des criminels endurcis.

Que l'enseignement moral, que l'enseignement du devoir soit donné aux uns et aux autres et qu'à cet enseignement s'ajoutent les moyens d'atténuer d'abord les plus grandes misères de la vie sociale, ce qui n'est pas impossible. et l'exemple terrifiant de la peine de mort deviendra entièrement inutile. D'autant plus que cette terreur n'arrête pas les plans de l'assassin qui se croit toujours plus habile que ses devanciers. N'at-on pas remarqué, au contraire, que le crime attire le crime et que l'échafaud qui fait tomber une tête provoque plutôt qu'il n'arrête la recrudescence du mal ? Car le mal sème le mal qui engendre la haine, comme l'amour sème l'amour qui affranchit les âmes.

Le châtiment, il faut bien s'en convaincre, n'est jamais juste que quand il est accompagné par les circonstances atténuantes qui le modifient quand il doit l'être. Une loi unique dans sa sévérité pour les mêmes délits ne peut être une loi de réelle équité, parce que la culpabilité est en proportion de l'intelligence, et que le plus intelligent est en même temps le plus responsable. C'est cette appréciation qui commence à pénétrer dans la conscience des juges, à laquelle on doit souvent des acquittements non mérités, parce que des peines trop fortes frappant l'accusé seraient injustes telles que la loi les exige. Aussi la rigueur de la peine devrait-elle toujours être mesurée par la conscience du juge, qui deviendrait ainsi le meilleur interprète des applications de nos lois pénales.

— Cette manière de comprendre la loi me paraît des plus équitables; en cela je vous approuve et il serait à désirer que cette réforme importante fût faite par nos législateurs. Le code pénal se trouverait ainsi bien simplifié et la morale pourrait y gagner, sans rien y perdre.

— La conscience ne se compose pas seulement de la vérité et de la justice ; elle se compose également du devoir, qui est leur commun régulateur.

Qu'est-ce que le *devoir*, si ce n'est en quelque sorte l'instrument mathématique de la conscience elle-même ? C'est lui qui est son véritable guide et qui lui enseigne tout ce qu'il est ordonné de faire et tout ce qu'il est ordonné de ne point faire.

Le devoir est triple : il est le devoir envers soi-même, il est le devoir envers autrui, il est le devoir envers Dieu.

Le devoir envers soi est considérable; si ce devoir était bien compris, il nous affranchirait de la plus grande partie des fautes que nous commettons chaque jour. Ce devoir c'est *la conservation de soi*, c'est la *modération*, c'est *l'abnégation*.

Le premier de ces trois devoirs, la conservation de soi, exige d'abord les *soins de sa personne*, qui demandent de nous la propreté, souvent bien inférieure chez l'homme à celle des animaux. Comment peut inspirer le respect celui qui n'a aucun soin de lui-même ? La pauvreté la plus grande n'exclut point ce devoir parce que, non seulement il est d'ordre moral, mais encore parce qu'il est d'ordre sanitaire ; car la propreté est une des conditions nécessaires de la santé, dont la conservation nous est commandée afin que nous soyons aptes à remplir notre tâche en ce monde ? A la conservation de la santé s'ajoute le devoir de la conservation de la vie, si méconnu aujourd'hui par un grand nombre de désespérés ; mais le suicide, comme tous les crimes, comporte avec soi les peines sévères qui sont la conséquence de l'offense aux lois divines, et toujours ces peines sont dans l'espèce en raison de la nature du délit lui-même.

Aussi celui qui se donne la mort pour se délivrer des chaînes de la vie qui, pour lui, était comme un bagne insupportable, trouve-t-il après la mort un autre bagne bien plus redoutable encore. Souvent l'âme, demeurant rivée au cadavre putréfié duquel elle ne peut briser les attaches, attend, anxieuse, le moment de sa longue délivrance, éperdue dans les ombres profondes de la nuit morale !

Ames aimantes qui avez cru trouver dans la mort votre réunion éternelle, la loi vous punit en vous séparant dans les ombres de cette nuit où vous vous cherchez en vain sans vous retrouver, parce qu'il vous faut expier le crime que vous avez commis sur vous-mêmes, crime presque aussi grand que celui que vous eussiez commis sur les autres, et qui vous fait infliger un châtiment redoutable.

Le deuxième devoir général envers soi, c'est la *modération* qui est la *simplicité de goûts*, la *tempérance des sens* et le *calme de l'esprit.*

Celui qui a la simplicité de goûts, celui qui sait se contenter de peu, tout en conservant le culte du beau, celui-là évite le *désordre*, conséquence de la prodigalité mal entendue qui est fautive quand elle se rapporte à la satisfaction du moi, tandis qu'elle devrait s'appliquer au soulagement de ceux qui sont malheureux.

La tempérance des sens est le principal devoir dans la modération, car toutes les fois que nous abusons de nos sens, le corps est en souffrance, et avec le corps les facultés de l'esprit qui subissent le contre-coup de nos excès. Celui donc qui commet de ces abus portant atteinte à sa santé, devient incapable de remplir les devoirs matériels de la vie, tandis qu'il dilapide inconsidérément les fruits de son travail. Et si ces excès sont de nature à léser les organes cérébraux corporels, l'homme se dégrade, tombe dans l'abrutissement, perd en partie la notion de lui-même et descend pour ainsi dire aussi bas que l'animal. Au contraire, la modération dans l'exercice des sens conserve la santé du corps, permet une grande longévité et assure aux facultés pensantes leur fidèle conservation et même leur croissance progressive lorsque cette croissance est stimulée par le travail.

Il est une autre tempérance que celle des sens, c'est celle qui se traduit par le *calme de l'esprit* luttant contre les emportements, contre la fougue du caractère qu'il assouplit. C'est alors que l'âme, maîtresse d'elle-même, sachant se dominer, devient apte à dominer les autres, lorsque cette domination est utile, nécessaire et s'exerce sans abus, tandis que *l'irrascibilité*, que l'on croit être une force, est au contraire un acte de faiblesse puisqu'elle indique l'impuissance de l'âme à demeurer dans le calme que commande la volonté morale.

Le troisième devoir supérieur envers soi, c'est *l'abnégation*, représentée par la *modestie, le zèle laborieux* et *l'oubli de soi*.

Pour qu'une âme possède quelque valeur, il faut qu'elle se signale par une grande *modestie*, car si elle est empreinte de vanité ou d'orgueil, elle est écrasante pour les autres, qu'elle foule pour ainsi dire sous ses pas pour s'ériger des autels où elle s'adore elle-même. Cette vanité, cet orgueil, se rencontrent le plus souvent chez les plus grandes incapacités, tandis que l'homme modeste ignore le plus souvent sa valeur réelle.

Le zèle laborieux, qui est l'amour du travail sous toutes les formes, exprime l'abnégation dans son état le plus actif, car celui qui travaille d'une manière constante et continue, payant incessamment de sa personne, accomplit le réel sacrifice de soi-même. Tout au contraire, l'oisif, le paresseux, parasite social, abuse du labeur des autres, qui lui procure les éléments de la vie heureuse, du moment où il ne rend point à la société une part de travail productif en échange de tout ce qu'il reçoit d'elle. De là cet adage qui dit que celui qui ne travaille point ne doit point manger, parole sévère mais juste, car celui qui est absolument oisif pèche contre la loi de solidarité humaine, qui est la grande loi des réciprocités.

La modestie, le zèle laborieux engendrent un devoir qui leur est supérieur encore : c'est *l'oubli de soi*, vainqueur de *l'égoïsme*. S'oublier soi-même, c'est savoir se sacrifier pour les autres, c'est le véritable holocauste moral, dont le suave parfum, pur de toute souillure, s'élève comme l'amour sans tache vers la divinité.

Le *devoir envers autrui* est acquis par celui qui sait accomplir le devoir envers soi-même, car il lui est facile de pratiquer le triple devoir qui est celui de la *conservation d'autrui*, celui des *égards envers autrui* et enfin celui qui se traduit par la *générosité*.

Il n'est que les âmes très incomplètes encore dans leur conscience, qui attentent à la conservation d'autrui, ne respectant ni son bien, ni sa vie, ni sa réputation, plus précieuse que la vie elle-même. Lorsque ce triple devoir est encore méconnu, c'est que celui qui ne sait le remplir appartient aux couches inférieures de l'humanité où réside le vol, où réside l'assassinat, où réside la basse envie qui déchire, qui salit par la calomnie, ou même qui cherche à abaisser les autres en mettant à nu leurs défauts par la médisance haineuse.

Le devoir se manifestant par les *égards envers autrui*, est d'un ordre plus élevé; il lui suffit de la *bienveillance*, de la *tolérance* et de la *conciliation*. Par la bienveillance, s'effacent les aspérités entre les âmes ; par la tolérance, disparaissent les disputes acerbes ; par la conciliation, renaît la douce fraternité.

Enfin, la *générosité* s'élève au-dessus des autres devoirs qui précèdent, pour leur donner l'exemple de toutes les grandeurs de l'âme. Celui qui est réellement généreux pratique *l'effacement de soi* au profit de ceux qu'il croit plus capables ou plus méritants que lui, en vue du bien public, tandis que, méconnaissant ce devoir, il exerce la domination qui, peut-être, deviendra la tyrannie.

La *bienfaisance* est inséparable de la générosité ; et par bienfaisant il faut entendre non seulement celui qui est prodigue de bienfaits matériels, mais qui ajoute à ceux-ci les bienfaits moraux, le partage des chagrins, la consolation des afflictions et, en un mot, tout ce qui pourrait se nommer la charité de l'âme. Une troisième forme de la générosité, c'est la *magnanimité*, qui pardonne au coupable, qui absout le repentir et fait comprendre toute la bassesse de la vengeance.

Des trois devoirs supérieurs, le devoir envers Dieu est celui qui occupe le sommet suprême. Dieu étant le plus parfait de tous les êtres, comme il est celui auquel nous devons le plus, puisqu'il est le créateur ou le père de notre âme, puisqu'il est le dispensateur de tous les éléments de notre propre vie, il a droit à notre *respect*, à notre *reconnaissance*. Le sentiment profond qu'il nous inspire quand il est connu de nous, nous oblige à élever notre âme vers lui pour lui donner notre plus *pur amour* ; comme c'est un même devoir que nous accomplissons quand nous entourons de nos affectueuses tendresses les auteurs paternel et maternel qui nous ont donné le jour en ce monde. Si donc nous commettons une impiété quand nous refusons notre amour au père dévoué qui nous éleva avec un grand dévouement, à la mère qui nous entoura de ses douces et incessantes caresses, l'impiété n'est-elle pas plus grande lorsqu'elle s'adresse à Dieu, auquel nous devons tout : existence, protection et bonheur dans les destinées qui nous attendent et que nous devons recevoir de lui ?

— Je vous ai écouté presque sans vous interrompre pendant cet exposé que vous venez de faire sur les facultés affectives. Pour expliquer les différences profondes qui existent dans les mêmes facultés chez divers individus, vous êtes obligé d'avoir recours à des carrières humaines multiples pour la même âme ; mais comme ces carrières multiples n'ont pas encore été démontrées, le problème dont vous voulez constater la solution demeure tout entier à résoudre. Cependant, si, par

. 6

impossible, vous pouviez me donner des preuves suffi-
santes de mes existences humaines antérieures, bien
que je n'aie absolument le souvenir d'aucune, je ne fe-
rais plus de difficultés pour être de votre avis.

— Cette démonstration que vous me demandez, je
vous la donnerai un peu plus tard, je vous le promets ;
mais, avant tout, il me reste quelques mots à vous dire
sur nos facultés intellectives qui, elles aussi, ne doivent
leur avancement progressif qu'au travail incessant que
l'âme opère pour les développer dans le parcours de
ses diverses carrières humaines.

XXII

FACULTÉS DE L'INTELLIGENCE

Si les facultés des sens donnent à l'âme le sentiment
de la réalité dans le domaine des choses saisissables et
tangibles relevant spécialement de la substance, si les
facultés affectives lui font ressentir les émotions au
moyen desquelles elle manifeste sa puissance agissante,
qui est une émanation de la *vie*, les facultés intelligentes, d'un ordre supérieur encore, expriment les manières
d'être de la loi, car c'est l'intelligence qui régit les sens,
comme elle régit tout ce qui est affectif en nous, en
même temps qu'elle se régit elle-même.

Si l'intelligence nous manquait, toutes nos sensations
nous demeureraient comme inaperçues : nous regarde-
rions les objets sans les voir réellement, parce qu'il
nous manquerait la perception et le discernement des
choses ; les sons qui frapperaient notre sens de l'ouïe
n'auraient aucune signification pour nous et il en serait
de même de toutes les autres sensations des sens, pour
lesquelles nous ferait défaut l'appréciation de leur propre état d'existence.

Egalement, chacune des facultés affectives est tributaire de l'intelligence qui, se combinant à ces facultés, leur imprime les directions qu'elles doivent suivre. Que serait la volonté, indépendamment des facultés intellectives? que serait l'amour? que serait la conscience? N'avons-nous pas admis que la diminution de l'intelligence détermine l'amoindrissement des responsabilités? En conséquence, l'intelligence faisant entièrement défaut, l'être cesserait d'être responsable, quand même il accomplirait les actes les plus coupables.

Pour exercer sa direction, l'intelligence est pourvue de trois grandes facultés générales, qui sont : *l'entendement*, *l'idée* et la *réflexion*, se divisant et se subdivisant chacune en groupes ternaires de termes susceptibles de pourvoir à toutes les exigences de la pensée.

De ces trois facultés générales de l'intelligence, L'ENTENDEMENT exprime la base fondamentale de l'être pensant. Le jeune enfant ne fait encore que reconnaître l'existence des êtres et des choses qui l'environnent, par la *perception*, faisant naître en lui le sens distinctif qui lui enseigne à ne pas confondre les divers objets. Au fur et à mesure qu'il grandit, il acquiert le *sens commun*, au moyen duquel il comprend, il discerne, il précise ce qu'il voit, démêlant déjà le vrai du faux. Vient ensuite *l'expérience*, résultant des fruits du travail accompli par l'homme adulte, laquelle est, en quelque sorte, l'accumulation de ses propres œuvres, lui donnant les capacités voulues pour reproduire avec une certaine perfection ce qu'il n'aurait pu faire à l'origine. Mais l'entendement, avec tous les termes divisionnaires qu'il comporte, ne compose encore que la partie la plus matérielle de l'intelligence, si l'on peut s'exprimer ainsi, car il se consacre plus particulièrement aux choses de la vie usuelle.

Lorsque l'homme veut s'élever au-dessus de cette première région de la pensée, qui est la plus inférieure et dans laquelle vit le plus grand nombre, il entre alors dans le domaine de L'IDÉE, qui est celui de la conception réelle, conduisant graduellement à toutes les étapes du progrès. Pour cela, l'idée, afin de demeurer positive et de ne pas se perdre dans l'inconnu, se rattache à l'entendement par la *mémoire*, qui lui fournit constamment, par le souvenir, par la connaissance acquise, par la pratique mnémonique de ces connaissances, les éléments nécessaires à toutes ses recherches.

C'est alors que survient la *studiosité*, qui met en œuvre tout cet acquis afin de pouvoir se livrer à l'étude des choses qu'elle veut approfondir, au moyen de *l'observation*, de *l'investigation* et de la *méthode*. Cependant, la studiosité n'élabore au premier abord que ce qui est palpable et tangible ; si donc elle demeurait confinée dans ces étroites limites, elle finirait par épuiser en partie le champ de ses découvertes ; c'est pourquoi la pensée prend des ailes sous la forme de l'imagination qui la conduit dans de nouvelles régions à explorer, dans les vastes champs de l'inconnu, séjour de toutes les formes de l'idéal. C'est alors que se manifestent *l'esprit*, le *talent* et le *génie*. L'esprit est comme une quintessence, comme un parfum de pensée qui, tout en poétisant ce qu'il touche, marque cependant une grande puissance, aussi bien que les aromes qui réveillent et surexcitent, et il est ainsi le propulseur de l'imagination. Le talent, qui est *l'ingéniosité* émanée de l'esprit, qui est *l'originalité*, qui est la *forme idéale*, le talent indique une grande élévation de l'intelligence et constitue déjà ce que l'on nomme l'homme supérieur. Mais à cette supériorité il s'en ajoute une plus grande encore, c'est celle du *génie* qui, d'abord, emprunte plus ou moins au talent, de ses qualités intellectuelles auxquelles il ajoute les éléments qui lui sont particuliers, se manifestant en lui par *l'esprit des causes et des effets*, *l'esprit des découvertes et l'inspiration* qui lui permet, suivant sa nature particulière et le degré de puissance dont il est doué, de s'élever parfois jusqu'aux sublimes hauteurs.

Tel est le magnifique domaine de l'idée, de l'idée, ce

levier puissant avec lequel non seulement on peut soulever un monde, mais gravir sans fin les échelons infinis du progrès, de découvertes en découvertes successives, au fur et à mesure que s'agrandit le domaine de l'intelligence et que celle-ci sait pénétrer de plus en plus dans les vastes champs de la pensée.

On pourrait croire au premier abord que l'idée occupe le sommet suprême des facultés intellectives, mais elle n'est encore que la *vie* de l'intelligence, comme l'entendement en est en quelque sorte la *substance* ; au-dessus d'elle s'élève un ordre supérieur de facultés : la *réflexion*, qui en marque *la loi*.

Oui, la réflexion est le guide nécessaire de l'entendement et de l'idée dont elle contrôle tous les actes, afin de les rendre réguliers, les redressant quand ils doivent l'être. Indépendamment de ce concours incessant, l'imagination surtout risquerait de se perdre souvent dans des rêves insensés, dépourvus de toute réalisation possible, et ce qui doit être l'élément le plus précieux de l'esprit humain n'aurait le plus souvent d'autre aboutissant que la démence. C'est pourquoi la réflexion apparaît comme l'inflexible modérateur se manifestant par *la pondération*, la *méditation* et *la raison*.

Par la *pondération*, qui correspond spécialement à l'entendement, on voit *l'esprit de proportion* mesurer à sa juste valeur tout ce qui se rapporte à la *perception*.

La clairvoyance apparaît en deuxième lieu pour donner sa lumière au *sens commun*, et en troisième lieu, *l'esprit de compétence* donne son enseignement à *l'expérience*.

De même, on voit la *méditation* apporter un concours analogue à l'idée, au moyen de la *contemplation*, de *l'esprit de recherche* et de *l'esprit d'examen*.

Quand l'esprit est contemplatif, il s'appuie sur la mémoire, c'est à dire sur ses propres souvenirs et sur ses connaissances acquises ; mais en même temps c'est pour les redresser et en rectifier les erreurs. A la contemplation, *l'esprit de recherche* s'ajoute pour aider la *studiosité* dans ses labeurs.

6*

Puis, *l'esprit d'examen* vient surveiller *l'imagination* afin de l'empêcher de s'égarer dans l'inconnu et la ramener à la réalité.

Au-dessus de la méditation s'élève la *raison*, qui est le couronnement suprême de l'intelligence. Non seulement elle contrôle en dernier ressort tout ce qui émane de l'entendement et de l'idée, mais elle contrôle de même la réflexion dans la pondération et dans la méditation, comme elle se contrôle elle-même.

Pour cela, elle possède *le jugement, la sagacité* et la *logique*. Au moyen du jugement, la raison compare, elle déduit d'après les comparaisons qu'elle a faites et statue en dernier ressort. La sagacité se greffe sur le jugement pour l'interpréter, en apprécier la justesse, et, pour cela, intervient l'esprit de sage arrangement qui, souvent, défait pour mieux faire ensuite, tandis que l'esprit de combinaison enseigne ce qui aurait dû être fait et ce que l'on doit faire de préférence. Enfin la logique, qui siège au sommet de la raison, surmonte la sagacité à laquelle elle donne toute sa valeur réelle, tandis qu'elle communique à l'intelligence tout entière la rectitude dont elle est douée, lorsque cette intelligence est susceptible de la comporter.

Pour cela, la logique est en possession de la *sûreté de vue, de la dialectique* et *de la recherche du vrai*.

Si la logique manque de sûreté de vue, elle se perd en vains raisonnements sur ce qu'elle ne voit qu'imparfaitement et, dès lors, tout ce qu'elle veut démontrer comme vrai, manquant de bases certaines, ne peut comporter aucune solidité.

La dialectique est le moyen dont se sert la logique pour établir les preuves qu'elle veut démontrer comme réelles.

Enfin, un troisième et dernier élément de la logique est *la recherche du vrai*, qui en est l'élément régulateur suprême. C'est lui qui cherche à accumuler les preuves sur lesquelles la raison s'appuie pour établir son autorité d'une façon indiscutable. D'abord, les vérités fon-

damentales et premières sont les axiomes acceptés par
le sens commun ; viennent ensuite les vérités démontrées ; les certitudes sur lesquelles elles reposent ont
leur point d'appui sur ces vérités premières qui leur
donnent l'incontestable réalité. C'est ainsi que la logique peut devenir par la raison un instrument de haute
précision, lui permettant d'élaborer ce qui est à sa portée, avec la certitude que l'on nomme la certitude
mathématique.

— J'ai suivi attentivement cette longue énuméra-
tion des sens des facultés affectives et des facultés intellectives que vous venez de décrire. Je vois toujours
dans vos nomenclatures des arrangements que vous
semblez disposer comme à plaisir et, ici, ils apparaissent plus encore que partout ailleurs. En cela, ce me
semble, vous n'êtes guère d'accord avec la nature où
l'on voit toutes choses comme pêle-mêle et sans aucun
ordre bien apparent. Vous prétendez donc en savoir
plus qu'elle et lui en remontrer en quelque sorte avec
tous vos groupes ternaires que vous enchâssez les uns
dans les autres ?

— Bientôt, je pourrai répondre victorieusement à
votre observation en vous démontrant que tout ce qui
existe provient d'un ordre sériaire admirablement pre-
conçu. Mais, dans le domaine des organes des facultés
de l'âme, comme dans le domaine des organes corporels, cet ordre doit vous paraître à première vue rigoureusement nécessaire, car s'il n'existait pas, comment pourraient se faire les combinaisons, les accords méthodiques des facultés entre elles ? Si elles
jouaient toutes à l'unisson, sans pouvoir se marier les
unes aux autres avec justesse pour former les harmonieux accords de la pensée, celle-ci serait d'une très
grande pauvreté, ne jouant elle aussi qu'à l'unisson.
Or, pour que ces accords puissent se manifester, il faut
nécessssairement que les différentes facultés puissent se
combiner intimement les unes avec les autres, et comment le pourraient-elles faire si elles ne dérivaient tou-

tes d'un même ordre sériaire qui est la condition
première de toutes leurs combinaisons harmonieuses ?

Après cette longue conférence, nous nous quittâmes
pour aborder, le jour suivant, un sujet d'un ordre nouveau, celui de l'action divine sur la nature, au moyen
des rayonnements psychiques de la pensée de Dieu lui-
même, porteur des plans éternels de ses propres lois,
en vue de leur application sur l'âme humaine.

XXIII

DE LA DIVITÉ ANIMIQUE HUMAINE

— Ce sujet, dis-je à mon ami, va peut-être susciter
en vous les objections résultant de votre manière de
voir sur la tangibilité des choses ; cependant, si vous
avez admis l'existence des radiations dans la formation
de la pensée de l'âme, il vous sera facile de reconnaître
l'existence de celles auxquelles est donné le nom de
Divité, et qui, en définitive, quoique plus pures que celles des êtres les plus élevés de la création, n'en sont pas
moins formées d'après la même loi que toutes les autres.

Ces radiations divines, ou divités, sont indispensables à l'existence de l'âme dont la description vient de
vous être donnée ; car à leur défaut, les lois dont elles
sont porteurs ne pouvant marquer leur présence, la vie
de cette âme serait impuissante à se manifester, trou-
blée qu'elle serait dans le mouvement désordonné de
toutes ses fonctions.

Mais, pour que la loi se manifeste, il faut d'abord
que cette loi se dessine elle-même d'une manière particulière suivant ce qu'elle doit être pour régir l'objet
auquel elle s'applique. Aussi est-il autant de configurations de lois dans leur plan de formation qu'il est
d'éléments spécifiques pour recevoir leur direction. Or,

tout ce qui est susceptible de prendre une forme demande un élément de substance capable de la comporter. En conséquence, la loi elle-même doit vous apparaître par la pensée sous un aspect défini, sans lequel cette loi ne serait que néant. Mais, également, ce qui est appelé à la formuler d'une manière relativement tangible doit exister sous l'aspect le plus impalpable, tout en conservant les caractères de la réalité.

Les fluides divins, tels que nous pouvons les concevoir, possèdent ces conditions transcendantes. Nous pouvons donc nous les figurer sous la forme de rayons portant les plans des lois, comme nous avons vu les rayons du moi animique externe dessiner la photographie réduite des divers attributs sensoriels, affectifs et intellectifs de l'âme.

Ceci établi, nous pouvons facilement nous figurer un rayon divitaire venu d'en haut et pénétrant le grand firmament animique tout entier, pour se répartir, en lui d'abord, en immenses faisceaux principaux se divisant et se subdivisant ensuite suivant le plan d'organisation de l'âme elle-même.

Pour connaître les grandes divisions premières de la divité, rien n'est plus simple : ces divisions résultent nécessairement de celles de l'âme qui se partage en *corporéité animique humaine* et en *âme rectrice humaine* ; de là. la Divité de cette corporéité de l'âme et la divité de l'âme rectrice proprement dite. Mais à ces deux divités qui se rapportent spécialemen à la vie interne, à la vie intime fonctionnante de cette âme, s'en ajoute une troisième, qui est la divité des destinées extérieures de l'être animique lui-même, et qui prend le nom de *divité des destinées animiques*.

D'après cela, il faut considérer la divité de l'âme en général, comme lui apportant la somme intégrale des lois dont elle a besoin pour subsister intérieurement et extérieurement, et voir cette divité se partager en innombrables faisceaux, aussi nombreux qu'il y a de fractions organiques ou même de formes d'existence en ce milieu. Chaque astre, chaque être au sein des astres, chaque atome vivant dans les immensités reçoit sa part particulière du rayonnement divin lui apportant les lois spécifiques qui sont celles de sa propre vie. S'il en était autrement, cette vie, en l'absence de toutes lois, serait impuissante à se manifester par elle-même, car les lois de vie proviennent de la divinité qui les conserve éternellement en elle et elles ne peuvent provenir d'ailleurs.

Ainsi, *la divité de la corporéité animique* se partage et se répand d'abord en trois grands faisceaux pour régir : 1° le corps animique en tout son domaine anatomique ; 2° l'âme corporelle animique dont vous vous rappelez la description ; 3° les atmosphères corporelles animiques complétant ce domaine de la corporéité de l'âme.

La divité de l'âme rectrice se présente aussi sous un triple aspect analogue, bien que ses lois ne soient plus les mêmes. Il en résulte trois grands faisceaux qui donnent la divité des astralités animiques, la divité de l'esprit animique et la divité des radiations animiques.

Vous devez comprendre à première vue l'importance considérable de la divité des astralités animiques, puisque c'est à elle qu'il appartient de régler le cours régulier des astres au sein des nébuleuses, des constellations et des différentes familles astrales. Il est certain que l'âme humaine est entièrement impuissante à régir ce vaste ensemble astronomique de façon à ce que l'ordre le plus parfait se maintienne d'une manière constante d'après le plan général de ce grand mécanisme de la vie animique ; il lui serait plus difficile encore de pourvoir à l'existence de chacun de ces astres en particulier.

L'esprit animique doit de même recevoir, par l'intermédiaire de la divité qui lui est particulière, les lois nécessaires à sa constitution permanente et à son fonctionnement continu. D'abord, ce sont les courants psychiques qui demandent à être formés et reconstitués constamment, pour composer les attributs internes, par la personnalité rectrice dans son triple moi. Les radiations animiques elles-mêmes : radiations organiques, radiations communicatives ou sociales, radiations transcendantes, tout ce grand ensemble a besoin de ses lois, et comment peut-il les obtenir autrement que par l'intermédiaire des divités partielles qui les apportent sur leurs rayons constituants ?

Au-dessus de ces divités qui régissent la vie intime de l'âme, apparaît la divité des destinées de cette âme qui ne peut être abandonnée à elle-même sous peine de demeurer livrée au hasard de l'imprévu.

Chacun de nous étant relié au grand être divin qui le régit, au moyen du rayon divitaire qu'il nous a donné au moment de la naissance de notre âme, chacun de nous est classé par la loi divine suivant les aptitudes acquises, suivant sa valeur réelle. Et cela en vue de carrières à parcourir répondant aux probabilités du plus grand avancement de chacun de nous et à l'appréciation équitable des actes accomplis en bien ou en mal dans nos existences partielles antérieures.

Si donc nous avons à subir parfois de grandes souffrances physiques, morales ou sociales, nous ne pouvons nous en prendre qu'à nous-mêmes, car si nous avions mérité d'être classés en un monde supérieur au nôtre, nous ne vivrions point ainsi dans ce séjour de privations et de larmes amères. Il y a exception cependant pour les grandes âmes qui ont accepté par dévouement de descendre en notre malheureux séjour, mais celles-ci, après leur carrière accomplie, retournent là d'où elles venaient et montent quelquefois plus haut. Toujours est-il que la loi de justice préside à toutes ces classifications qui, non seulement s'étendent à l'homme mais aux êtres de tous les règnes, le plus humble atome minéral n'étant pas plus abandonné par les lois divines que l'être le plus haut classé parmi les règnes transcendants.

— Cette théorie est très belle, je n'en saurais disconvenir, mais il vous reste à me prouver maintenant qu'elle est bien réelle, ce dont je doute, tant qu'elle ne m'aura point été démontrée.

— C'est précisément ce que je vais essayer de faire, pour vous montrer les carrières que l'âme est obligée de parcourir en union avec une corporéité d'adjonction qui lui est étrangère et à défaut de laquelle, trop inférieure encore, elle ne pourrait que végéter sans la perspective d'aucun progrès. Mais, avant cela, je vais m'arrêter sur cette corporéité adjonctive de l'âme.

XXIV

DE L'ETRE CORPOREL HUMAIN EN GÉNÉRAL

La constitution de l'être animique, il vous en souvient, le faisant dépendre dans son firmament propre du grand firmament infiniversel qui est représentatif de l'âme de Dieu Infiniversel, c'est cette dépendance, qui donne à cette âme l'immortalité ou l'éternité de vie, puisqu'elle est partie intégrante de ce grand être dont une seule parcelle, si infime soit-elle, ne peut jamais être anéantie. Mais si aucune âme ne peut jamais disparaître, et parmi elles l'âme humaine qui nous occupe ici, il faut donc que cette âme, après la mort du corps, poursuive nécessairement une autre carrière.

Nous venons de dire que l'âme humaine, dans sa nudité primitive, était impuissante à vivre de la vie animique pure et simple ; c'est pourquoi il faut toujours voir cette âme unie à l'élément corporel, même après le terme de la carrière humaine proprement dite.

Ce qui condamne l'âme humaine à la surcharge de la corporéité, c'est l'état d'imperfection inhérent au règne humain, et, plus cette imperfection est grande encore, plus la matière corporelle est compacte et grossière.

La différence si considérable qui sépare la matière de l'âme de la matière corporelle humaine est telle que l'organisme animique ne pourrait faire fonctionner ce corps humain sans le secours d'autres corps intermédiaires. De là, l'existence nécessaire de deux corps supplémentaires, dont l'un se nomme *corps humain angélique*, et dont l'autre se nomme *corps humain archangélique*, par cette raison que le premier corps, le corps humain proprement dit, est constitutif de l'homme, que le deuxième corps est constitutif de l'homme-ange, ou de l'ange, et que le troisième corps appartient à l'être devenu archange.

— Je me demande en vérité où vous voulez nous conduire avec vos anges et vos archanges, qui n'ont jamais existé que dans les conceptions des théologiens. N'entrons pas dans le rêve, je vous prie, ou alors, sur ce terrain-là, je ne pourrais plus vous suivre.

— Je vous ferai remarquer que je n'attache aucune importance réelle aux deux désignations dont je viens de me servir seulement pour n'avoir point à inventer deux mots nouveaux, ce qui eût été assez difficile pour la circonstance. Ce que j'ai voulu exprimer seulement, c'est qu'il y a des êtres supérieurs à l'homme, ou que l'homme peut passer, de son règne humain, à d'autres règnes, parmi lesquels ceux de l'ange et de l'archange. S'il n'en est pas ainsi, l'homme est confiné dans son règne imparfait, ce qui serait souverainement injuste quand il a mérité de s'élever plus haut.

Ainsi donc, reconnaissons dans l'homme trois corps solidaires l'un de l'autre. Le corps archangélique, qui est formé de la matière la plus impalpable et la plus pure, bien qu'il ne soit encore qu'à l'état de germe chez l'homme, sert de lien entre l'âme et le deuxième corps, le corps *humain-angélique*, lequel reçoit, par ce premier corps intermédiaire, les impulsions de l'être animique, qu'il transmet ensuite au corps humain.

Si ces deux corps intermédiaires faisaient défaut, l'un attaché à l'âme, l'autre attaché au corps humain, les communications ne pourraient s'établir entre ces deux organismes extrêmes, et alors la vie corporelle

serait impuissante à se manifester., En même temps,
donc, que l'âme anime le corps auquel elle est adjointe,
celui-ci fait fonctionner le deuxième corps, qui transmet de même la fonction vitale au troisième.

De là, cet avantage que l'âme, après la mort du corps
humain, ne retombe pas dans sa nudité native ; tout au
contraire, son deuxième corps, une fois délivré des en-
traves du troisième, prend complétement alors possession de lui-même, se trouvant rendu à l'état de liberté,
comme, par la suite, le dépouillement du deuxième
corps donnera au corps archangélique le même privilège.

Ce qui distingue et distance spécialement ces trois
corps les uns des autres, c'est la constitution de leur
matière, que je vous ferai connaître plus tard, et qui
marque de telles ténuités progressives que le corps archangélique demeure invisible et intangible pour les
sens du corps angélique, comme la matière de ce corps
échappe entièrement aux sens du corps humain.

— L'existence de ces deux corps supplémentaires,
malgré les bonnes raisons que vous me donnez pour
me les faire admettre, n'est-elle pas absolument fantaisiste ? Il est toujours dangereux pour la raison de
s'aventurer dans les invisibles et dans l'inconnu et,
souvent, on risque de s'égarer et d'égarer les autres.

— Cette réflexion, assurément, est digne d'un esprit
judicieux ; mais permettez-moi de vous faire remarquer que vous vivez constamment dans les invisibles,
dont vous acceptez entièrement l'existence. Voyez-vous
l'air que vous respirez et que vous aspirez dans l'atmosphère que vous ne voyez pas ? La plupart des fluides physiques ou vitaux, excepté le fluide lumineux et
le fluide calorique, qui participe de ce dernier, échappent à vos regards. Niez-vous l'existence du fluide électrique parce que vos yeux ne peuvent le saisir ? Pourquoi donc alors voulez-vous imposer à la nature des
barrières que votre esprit lui défend de franchir ?

Croyez-vous que la matière la plus compacte, la plus

résistante que vous rencontrez sur notre globe terrestre, soit entre toutes la plus grossière et qu'il n'y en
ait nulle part ailleurs en d'autres astres, bien plus grossière encore ? Votre raison ne voudrait pas s'imposer
un pareil *veto*. Mais si vous admettez la décroissance
qualitative de la matière devenant de plus en plus mas-
sive, la logique vous contraint de reconnaître que la
même progression continue se retrouve dans le champ
opposé, dans celui des ténuités.

Je ne vous demande pas d'autres concessions, et
vous serez obligé de m'accorder la réalité possible de
la formation des deux corps dont je vous ai signalé la
présence dans l'être humain. Et comme vous avez reconnu avec moi leur utilité pour relier l'organisme de
l'âme au plus grossier des trois corps, je ne vois pas
trop ce qui pourrait nous diviser maintenant.

XXV

DE L'ÈTRE CORPOREL HUMAIN

Chacun des trois corps qui est inhérent à l'âme humaine compose un être particulier nommé *être corporel humain*. De là, trois êtres corporels dans l'homme :
l'être corporel humain, l'être corporel humain-angélique et l'être corporel humain-archangélique.

D'abord, nous étudierons l'être corporel humain qui,
ensuite, une fois connu, nous enseignera la constitution des deux autres êtres corporels.

Ce qui a établi dans l'âme humaine la raison de son
existence, ce sont trois principes que nous avons nommés : le premier, la corporéité animique ; le deuxième,
l'âme rectrice, ou l'âme de l'âme ; le troisième, la divité, ou rayon divitaire infiniment divisé, porteur de
toutes les lois nécessaires à l'existence de cette âme.

Nous allons retrouver les mêmes principes dans

l'être corporel humain. Voyons d'abord en lui ce que nous nommons son *corps corporel*, qui est le corps humain proprement dit. En deuxième lieu, il faut envisager dans ce corps une âme qui lui est particulière, une âme *corporelle-corporelle* ; puis, en troisième lieu, une *divité corporelle*. Ces trois principes d'existence dans le corps seront étudiés à leur heure, et cette étude sera leur justification.

D'abord, nous allons nous arrêter sur la corporéité corporelle dans cet être, et vous verrez en celle-ci trois éléments principaux : le corps corporel proprement dit, qui est l'organisme corporel visible ; en deuxième lieu, si l'on pénètre en cet organisme, on y rencontre les trois règnes minéral, végétal et animal, qui sont ses éléments de constitution ; et, en troisième lieu, une atmosphère particulière environne ce corps comme elle environne le corps animique, comme elle environne le corps de chaque astre.

Dans cette corporéité, nous allons jeter un rapide regard sur l'anatomie du corps corporel, ou du corps humain proprement dit, et, pour cela, nous consulterons un corps de notre propre grandeur.

XXVI

COUP D'ŒIL SYNTHÉTIQUE SUR L'ANATOMIE DU CORPS HUMAIN

Vous pouvez connaître l'anatomie du corps humain ; mais peut-être vous manque-t-il la notion précise du classement méthodique sériaire de tous les éléments de ce corps ; et comme cette série anatomique est le type naturel de toutes les autres séries descriptives des différentes formes d'existence, c'est par elle que nous commencerons.

D'abord, le corps humain se partage en trois grandes

divisions fondamentales que nous nommons: *corporalité externe, corporalité interne* et *rudiments corporels*.

La corporalité externe est celle qui répond d'une manière immédiate aux injonctions de la volonté de l'Etre
animique, ou pour mieux dire, de l'âme rectrice qui
lui commande. Elle embrasse tout ce qui est apparent
extérieurement dans le corps, c'est-à-dire tous les organes servant à la vie de relation.

La corporalité interne, au contraire, comprend tous
les systèmes d'organes de la vie dite végétative, c'est-à-
dire le mécanisme de la vie continue localisée spécialement dans le tronc et s'étendant jusqu'au cervelet qui
en est l'organe moteur, comme le cerveau est l'organe
moteur de la corporalité externe.

En troisième lieu, viennent les rudiments corporels,
qu'il faut considérer comme les matériaux préparatoires des organes, formant déjà par eux-mêmes, en partie du moins, des éléments constitués d'une manière
particulière et ne pouvant convenir qu'au principe organique.

Ce qui prédomine dans ces trois divisions du corps
humain, c'est la *corporalité externe*, puisque c'est à
elle qu'il appartient de représenter l'homme tout entier et de le faire voir en même temps dans les organes
de ses facultés pensantes.

Trois ordres partagent cette corporalité : l'ordre
organo-mécanique, l'ordre *configuratif* et l'ordre *sensitif-moteur-recteur*.

Dans l'ordre *organo-mécanique* apparaît d'abord le
plan admirable de la nature qui classe tous les organes
en éléments organiques nécessaires à la formation de
la charpente corporelle.

De là, trois systèmes: le système *articulaire* qui se
compose de l'appareil osseux, ou des os, des cartilages
et des ligaments.

Le système contractile enveloppe le système précédent avec les tendons, les muscles et les aponévroses
qui, entre eux, sont les moteurs du squelette.

Un troisième système, le système plastique, enveloppe encore le précédent au moyen de trois appareils : de l'appareil du réseau onctueux qui sert à huiler les articulations ; de l'appareil adipeux, ou graisseux, donnant au corps sa forme arrondie et le garantissant contre les premiers chocs qui peuvent l'atteindre ; de l'appareil membraneux terminé par l'enveloppe tégumentaire qui est la peau et complète tout cet ensemble.

L'ordre *configuratif* donne toute sa valeur à l'ordre organo-mécanique qui précède, car c'est de lui, ainsi que son nom l'indique, qu'émane spécialement la forme corporelle tout entière, partagée de même en trois systèmes : le système des membres, qui se compose des membres inférieurs, de l'appareil sexuel externe et des membres supérieurs ; le système du tronc, figuré par l'appareil abdominal, l'appareil pectoral, l'appareil dorsal et leurs annexes ; le système de la tête, représenté par l'appareil facial, l'appareil des sens externes et l'appareil crânien cérébral sur lequel se dessinent extérieurement les ondulations engendrées par les réservoirs accumulateurs correspondant aux organes des facultés internes de la pensée.

Le troisième ordre, l'ordre *sensitif-moteur-recteur*, est celui qui donne la direction à toute cette corporalité ; direction sensitive, direction motrice et direction intelligente. Pour cela, il est ici encore trois systèmes : 1° Le système nerveux périphérique sensitif et moteur qui comprend trois grands appareils nerveux : l'appareil des nerfs rachidiens, l'appareil des nerfs crâniens, l'appareil des plexus ; les nerfs sensitifs distribuant la sensibilité ; les nerfs moteurs, le mouvement ; et les plexus, la force motrice supplémentaire. 2° Le système ganglionnaire, formé de ganglions, ou petits réservoirs, sert à emmagasiner les fluides qui parcourent les nerfs sensitifs par la voie de retour des courants vers le cerveau. Ce système, comme le précédent, se rattache aux nerfs rachidiens, aux nerfs

crâniens et aux plexus. 3° Au dessus de ces deux systèmes apparait le système cérébral qui les domine car
c'est lui qui est leur régulateur. Il se compose lui-
même de trois appareils : de l'*appareil des méninges*,
ou enveloppes cérébrales également ternaires, sous le
nom de *dure-mère*, d'*arachnoïde* et *de pie-mère* ; de
l'appareil des *circonvolutions cérébrales*, où se trouvent localisés les réservoirs accumulateurs, semblables à ceux des circonvolutions du cerveau animique
et qui, en outre, composent les ébranlements incessants de la pensée latente sous les impulsions de ce
cerveau animique ; de l'appareil nommé *centre psychique*, au sein duquel se trouvent renfermés tous les organes internes de la pensée : organes des sens, organes
affectifs, organes de l'intelligence, tels qu'ils ont été
décrits dans l'anatomie de l'âme. Et, à ces organes,
s'ajoutent de même ceux de répercussion interne et
celui qui est le siège corporel du triple moi animique, *la commissure centrale*.

La deuxième corporalité, la *corporalité interne*, est
nécessaire pour engendrer la vie continue du corps
sous l'action de l'âme, et la propager dans la corporalité externe qui, autrement, ne pourrait subsister.

Ce travail s'exerce au moyen de trois ordres d'organes, qui sont : l'ordre *nutritif*, l'ordre *rénovateur* et
l'ordre *moteur vital*.

La condition première pour perpétuer la vie corporelle, c'est la *nutrition* qui s'exerce au moyen de trois
systèmes : 1° du système stomacal réalisant la nutrition
matérielle au moyen de l'appareil *buccal* ou de tritura-
tion, de l'appareil *stomacal* ou de chymification, de
l'appareil *intestinal* ou de séparation ; 2° du système
urinaire, système digestif des liquides ; 3° du système
pulmonaire ou de la nutrition gazéiforme, ayant trois
organes principaux : le *pharynx*, la *trachée-artère* et
les *poumons*.

Le deuxième ordre de cette corporalité, l'ordre *ré-*

novateur, se signale de même par trois systèmes : 1° le système *sexuel interne* de l'espèce, qui comprend celui de l'homme ou celui de la femme, base première de la rénovation corporelle pour l'être masculin et pour l'être féminin. Un deuxième système est le système *circulatoire*, qui est celui de la vie proprement dite et qui s'exerce au moyen de l'appareil vasculaire, qui embrasse les vaisseaux *primitifs*, ou chylifères, lymphatiques et lactifères, les vaisseaux *veineux* et les vaisseaux *artériels*. Vient ensuite le *cœur*, qui est le puissant propulseur de la circulation des liquides sanguins et autres, et ensuite *l'apareil respiratoire* qui accomplit la régénération sanguine en même temps qu'il opère la circulation gazéiforme. Il est un troisième système dans l'ordre rénovateur, c'est le système *membrano-glanduleux*, qui se compose des glandes membraneuses, des glandes indépendantes et des membranes, dont le propre est de composer des agents de mouvement, agents rénovateurs de toutes les fonctions mécaniques et chimiques qui s'accomplissent dans l'organisme.

Le troisième ordre de la corporalité interne, l'ordre *moteur-vital*, correspond à l'ordre sensitif-moteur-recteur dans la corporalité externe. De même il se décompose en trois systèmes : celui du *grand sympathique*, celui de la *moëlle épinière*, celui du *cervelet*.

Le système du *grand sympathique* est en soi un système nerveux complet, où figurent des nerfs, des plexus et des ganglions qui sont les facteurs de la vie motrice dans cette corporalité. Le deuxième système, celui de la *moëlle épinière*, remplit un rôle considérable,. car c'est à la moëlle qu'il appartient de relier les deux corporalités entre elles, c'est-à-dire le cerveau à tous les organes de la vie végétative, au moyen des nerfs périphériques qui, également, sont tous en relation avec l'organe médullaire. C'est pourquoi la lésion profonde de cet organe peut entraîner la mort du corps, du moment où se trouve rompu le grand cou-

rant nerveux dont il est le lien de jonction. Le troisième et dernier système de cet ordre, le système *cérébelleux,* figuré par le cervelet, fait voir un organe qui
est le diminutif du cerveau. Comme lui, il se partage
en trois appareils : l'appareil des méninges ternaires,
l'appareil des circonvolutions, représenté par les ver-
mis, et enfin, un appareil qui est l'analogue de celui
que nous avons nommé centre psychique dans le cerveau, bien qu'ici cet appareil, formé par un ventricule
spécial, le ventricule cérébelleux, centralise avec moins
d'uniformité les organes des facultés de l'âme corporelle. Ces organes, cependant, sont ceux des sens instinctifs de cette âme ; on les voit formés généralement
par les racines primordiales des nerfs. De même se
trouvent des organes affectifs et intellectifs, instinctifs,
ayant à leur sommet le *calamus scriptorius,* résidence
du *moi cérébelleux.*

Telle est la grande analogie qui rattache le cervelet
au cerveau et même l'ordre moteur-vital à l'ordre sensitif-moteur-recteur.

Les rudiments corporels forment une grande division
anatomique particulière ; et comme ces rudiments, en
définitive, sont appelés à s'appliquer à deux corporalités différentes, ils se partagent eux-mêmes en deux
parties, dont l'une appartient à la corporalité interne
et dont l'autre est attribuée à la corporalité externe.

C'est pourquoi les rudiments corporels doivent être
envisagés sous deux aspects différents suivant qu'ils
s'appliquent à l'une ou à l'autre de ces deux corporalités.

Dans la corporalité interne on voit les rudiments
figurer, comme précédemment, trois ordres : *l'ordre
des produits d'excrétion,* excrétions fœtales, excrétions
menstruelles chez la femme, excrétions digestives. Le
deuxième ordre est celui des *éléments de formation et
de fonction.* D'abord apparaissent les éléments géné-
siques, secondant les organes de même nom dans l'un

et l'autre sexe ; puis les éléments de circulation, qui comprennent le chyle, la lymphe et le sang. Viennent en troisième lieu les éléments de régénération, qui sont : les agents chimiques de la digestion, les agents mécaniques des fonctions, consistant en liquides servant au glissement des organes, et enfin les matériaux anatomiques primitifs destinés à la construction de ces organes, tels que le serum, les corps gras et l'albumine. Le troisième ordre de ces éléments anatomiques est figuré par les éléments des tissus inférieurs, des tissus constituants moyens et des tissus constituants supérieurs ; ces éléments exprimant les premières formations anatomiques, telles que les cellules, les fibres, les epithelium, servent à composer les tissus et divers organes ; ils sont les intermédiaires nécessaires entre la matière proprement dite et les constructions organiques.

Les rudiments corporels qui se rapportent à la corporalité externe ont leur cachet particulier quoique les trois ordres qu'ils renferment portent les mêmes dénominations qui nous sont connues. Ici nous retrouvons des excrétions qui sont des excrétions cutanées, puis celles des organes des sens, parmi lesquelles figurent les larmes. Dans l'ordre des éléments de formation et de fonction se trouvent des humeurs spéciales auxquelles s'ajoutent cependant les liquides de la circulation sanguine, puisque cette circulation s'opère dans tous les membres, organes spéciaux à la corporalité externe. Enfin, l'ordre des éléments anatomiques se compose de tissus particuliers servant comme précédemment à la construction des divers organes de cette corporalité.

Ainsi se résume cette anatomie, envisagée d'une manière sommaire, mais qui suffit pour vous faire connaître les lois de son classement.

— Je n'ai rien à objecter à la description que vous venez de faire et je désire qu'elle soit entièrement conforme à la vérité.

— Le corps corporel humain, considéré seulement dans sa constitution anatomique, est bien incomplet encore sous cet aspect, il n'est jamais qu'un simple mécanisme entièrement inerte. Aussi, demande-t-il à recevoir une première animation qui le vivifie en lui donnant un premier principe animique, analogue à l'âme corporelle animique dans l'âme, et qui figure ici une *âme sous-corporelle*. Cette âme sous corporelle est figurée par la somme des animaux microscopiques et de grandeurs différentes qui vivent dans le corps, par des végétaux de petitesse insaisissable à l'œil nu, et, enfin, par la masse minérale qui sert à la construction du corps corporel tout entier.

La somme incalculable de petits animaux microscopiques vivant dans les cellules, dans les fibres, dans les épithélium et même dans le sang, dans les diverses humeurs, fait comprendre l'animation incessante qui se produit dans la masse corporelle inerte et qui la met en vibration. N'est-ce pas là l'action d'une âme qui vivifie ainsi tout cet organisme? Mais ces petits animaux qui remplissent une fonction considérable, celle de reconstruire et restaurer incessamment tous les organes de notre corps, ont besoin du règne végétal pour s'alimenter ; c'est pourquoi celui-ci figure également partout en ces mêmes organes, en même temps qu'il est un précieux élément d'assainissement pour le corps tout entier. Et, enfin, le règne minéral, qui remplit, lui aussi, par sa présence, un double rôle animique et corporel, sert d'aliment à ces petits végétaux qui puisent en lui leur nourriture par leurs racines.

Autour du corps, nous venons de le dire, il est une atmosphère formée de gaz et de fluides, nécessaire à l'alimentation de toute cette population corporelle, et où s'accumulent des éléments choisis pour les besoins de la vie continue.

XXVII

DE L'AME CORPORELLE DANS LE CORPS HUMAIN

La corporéité du corps humain, que je viens de vous décrire avec son âme sous-corporelle, à laquelle s'ajoute l'atmosphère de ce corps, analogue à celle de l'âme, cette corporéité ne peut pas plus constituer l'être corporel tout entier que le corps animique ne peut constituer l'être animique ; c'est pourquoi nous allons trouver ici comme une âme *rectrice relative* dans le corps, qui, cependant, n'en est pas moins une âme corporelle, mais de beaucoup supérieure à l'âme sous-corporelle dont nous venons de parler précédemment.

— J'ai admis cet assemblage de petits animaux et de petits végétaux auquel vous avez donné le nom d'âme *sous-corporelle* ; puisque ces petits êtres existent dans le corps, il faut bien reconnaître qu'ils sont des agents de mouvement qui le vivifient sur place ; mais je considère l'âme corporelle proprement dite que vous voulez ajouter à celle-ci, comme une superfétation entièrement inutile, puisque vous avez l'âme humaine elle-même pour faire se mouvoir tout l'organisme corporel. N'est-ce pas déjà assez de vous avoir accordé une âme corporelle dans l'âme ? Convenez qu'ici elle est tout à fait hors de propos.

— Vous allez voir, au contraire, que la présence et le fonctionnement de cette âme corporelle dans le corps sont entièrement indispensables et que chacune des deux âmes accomplit des attributions entièrement distinctes, indiquant des propriétés toutes spéciales. D'ailleurs, je n'aurai qu'à répéter ici les raisons que je vous ai données pour vous faire admettre l'existence de l'âme corporelle animique dans l'âme afin que vous admettiez aussi celle de l'âme corporelle dans le corps.

Que cette âme corporelle-corporelle fasse défaut, il arrivera que l'être animique se trouvera dans la nécessité de faire mouvoir en ce corps tout ce qui se rapporte à l'exercice de ce que les anatomistes nomment la vie végétative, placée tout spécialement sous l'action du cervelet. Comment alors, sous l'influence incessante d'une telle préoccupation, l'être animique pourrait-il se livrer à l'exercice de la pensée en toute liberté d'esprit? C'est pourquoi, une autre âme, une âme corporelle toute particulière est adjointe au corps pour remplir cet office.

— Votre nouvelle âme corporelle, permettez-moi de vous le dire, n'en est pas moins un double emploi, puisque vous en avez déjà une dans l'être animique qui, assurément, doit être capable de remplir les fonctions de la vie végétative que vous venez de signaler.

— C'est là une grave erreur ; car il est facile de vous faire remarquer que l'être animique, ne possédant pour tout ensemble organique qu'une tête sans corps, l'âme corporelle animique se contente de faire mouvoir la vie végétative de l'âme, tandis que, ne possédant pas la connaissance du mécanisme de la vie végétative dans le corps, elle est impropre à le faire fonctionner. Et, en effet, ne lui serait-il pas difficile d'exercer, entre autres, les fonctions de la digestion matérielle, qui sont entièrement éliminées de l'être animique? Si donc l'âme corporelle animique est insuffisante pour les fonctions du corps, une autre âme doit la remplacer pour cet effet et vous ne pouvez plus alors contester l'existence de cette âme qui nous occupe.

— Si vous avez besoin d'une âme corporelle pour l'exercice de la vie végétative du corps, pourquoi ne faites-vous pas intervenir encore une seconde âme pour l'accomplissement des mouvements volontaires des membres? Et vous voilà obligé d'admettre une nouvelle âme rectrice, ce qui va vous donner, ce me semble, une très belle collection d'âmes.

— Cette âme rectrice pour le corps est entièrement inutile, vous allez vous en rendre compte. Lorsque nous voulons mouvoir un de nos membres, la pensée de l'âme rectrice est dirigée sur ce membre et il n'y a aucun inconvénient pour qu'elle le fasse se mouvoir d'après les injonctions de sa volonté. Vous pourriez m'objecter que si le même membre, ou deux membres doivent répéter leur action motrice pendant une longue durée, comme il arrive dans la marche continue, la volonté rectrice devrait se renouveler pour chacun de nos pas. Mais c'est là qu'intervient encore l'âme corporelle-corporelle, qui reçoit de l'âme rectrice l'ordre de la suppléer pendant tout le temps de la fonction des membres, sans qu'elle-même ait à s'en occuper autrement. Des liens de solidarité unissent ces deux âmes, de manière à ce qu'elles puissent s'entraider l'une l'autre ; et, pour sa part, l'âme rectrice, tous les anatomistes pourront le reconnaître, exerce une action qui lui est propre dans les mouvements du cœur et ceux de la respiration.

L'âme corporelle dans le corps laisse donc voir sa présence d'après les fonctions qui lui sont propres ; en relation d'ailleurs avec l'âme corporelle animique, elle reçoit son influence comme elle reçoit celle de l'âme rectrice et s'imprègne en quelque sorte, à un certain degré, des valeurs qualitatives de l'une et de l'autre. Quand la guillotine barbare tranche une tête, l'âme rectrice s'envole et c'est l'âme corporelle qui produit les derniers tressaillements de vie, au moyen de ses fluides psychiques agissant dans l'organisme.

Si maintenant on jette les regards sur l'encéphale dans le corps humain, on voit apparaître avec toute évidence le siège de deux âmes : dans le cerveau proprement dit demeure l'âme *rectrice animique*, au sein de la *commissure centrale* ; dans le cervelet, *au calamus scriptorius*, réside l'âme corporelle-corporelle.

L'être animique pénètre de sa tête particulière toute la tête humaine, ce qui lui est facile avec sa matière composante dont nous connaissons l'insondable ténuité. Ainsi le cerveau animique occupe tout le cerveau corporel, comme le cervelet animique remplit également le cervelet du corps. Les deux organes en double vivent alors d'une vie qui leur est commune, les organes du corps de l'âme animant les organes du corps corporel.

Mais ce n'est pas tout encore, il ne suffit pas que la tête corporelle soit animée, il faut en outre que le corps tout entier le soit aussi ; c'est pourquoi un riche faisceau fluidique, formé de tous les fluides psychiques de la pensée et de tous les fluides physiques ou vitaux qui sont ceux de la vie, c'est pourquoi un tel faisceau de fluides est nécessaire pour donner la vie au corps dans lequel il se répand à travers les conduits nerveux. Et c'est ainsi que l'âme anime le corps, lui donnant simultanément la pensée et la vie. Cette âme corporelle formée à l'image de l'âme rectrice, se compose d'ailleurs d'une astralité spéciale qui lui est particulière, mais qu'il est inutile de vous décrire de nouveau pour ne pas me répéter.

— J'admets maintenant l'existence de l'âme corporelle dans le corps et j'en comprends le mécanisme dont vous avez suffisamment démontré la raison d'existence.

XXVIII

DE LA DIVITÉ CORPORELLE

Pour compléter l'étude du corps humain, nous dirons quelques mots de la divité, rayon divin qui l'accompagne pour lui distribuer des lois sans le concours desquelles il ne pourrait ni fonctionner, ni subsister.

Cette divité se partage comme dans l'âme en trois fractions : l'une régit la corporéité corporelle propre-

ment dite, se subdivisant en radiations partielles aussi
nombreuses qu'il est nécessaire ; une autre régit l'âme
corporelle jusque dans ses divisions les plus profondes ;
puis une troisième, la divité corporelle externe, s'occupe de la destinée corporelle pendant tout le cours de
sa carrière, rien dans la nature ne pouvant être abandonné jamais par les lois divines.

XXIX

DE L'ÊTRE CORPOREL HUMAIN ANGÉLIQUE

Je vous ai démontré l'existence nécessaire du corps
humain-angélique dans l'homme, mais ce corps avec
ce qui s'ajoute à lui, avec tout ce qui est en lui, exprime un être corporel tout aussi complet que l'être
corporel humain ; c'est-à-dire qu'il comporte de même
une corporéité corporelle, une âme corporelle, qui lui
est spéciale, puis une divité qui le régit. Je n'aurai
donc point à vous répéter cette description. Seulement,
ce qu'il est essentiel de faire ressortir, c'est la nature
matérielle toute particulière de ce corps et ensuite les
différences, peu sensibles du reste, qui se rencontrent
dans sa constitution anatomique.

La raison que je vous ai donnée de la présence de
ce corps pour servir de lien de jonction entre le corps
humain et l'âme par l'intermédiaire du corps archangélique, doit vous faire comprendre que sa matière
constituante est déjà très éthérée et diffère essentiellement de notre matière corporelle proprement dite.
C'est pourquoi un tel corps ne peut que demeurer invisible et intangible pour nous ; et comme cette matière
qui le compose n'est plus formée comme la nôtre dans
les agrégations de ses atomes, ce sont des lois toutes
différentes qui la régissent.

D'ailleurs, le corps humain-angélique devant, ainsi

que je vous l'expliquerai bientôt, servir à l'homme qui a été suffisamment perfectionné pour entrer dans un règne supérieur au sien, le monde nouveau où il subsistera aura ses lois de vie spéciales qui ne seront plus celles de notre monde humain.

Pour le moment, je signalerai seulement dans l'anatomie du corps humain-angélique quelques différences qui, indépendamment de sa matière intangible pour nous, le distinguent dans son organisme de l'organisme humain proprement dit.

Ce corps n'a pas été produit par des auteurs paternel et maternel qui lui sont étrangers, car il a été engendré par l'âme elle-même ; c'est pourquoi il n'y a pas d'organes sexuels en ce corps puisqu'ils n'y auraient pas leur utilité et rien n'existe que ce qui est utile. Cependant, il ne faut pas croire que les sexes soient absents de ces organismes, si l'on considère que le principe sexuel se dessine dans l'organisme tout entier et même en chacun des organes de cet organisme.

Après s'être dépouillé de son corps humain terrestre, l'homme se retrouve avec toutes les apparences de son sexe dans son corps humain-angélique devenu apparent, bien que les organes sexuels proprement dits ne soient plus présents en ce corps. Il en est de même de la femme qui a conservé toutes les apparences féminines. Et, de plus, le caractère masculin, comme le caractère féminin, demeurent fidèlement conservés en chacun de ces êtres.

D'ailleurs, comment pourrait-il en être autrement puisque l'homme et la femme ont été créés primitivement dans leur sexe respectif, qui demeure inamovible ? Il arriverait alors que les règnes supérieurs au règne humain seraient privés des grandes jouissances de l'amour animique, tandis qu'au contraire, ces jouissances sont plus grandes en ces milieux, que celles de l'amour corporel humain.

— Admettons pour un moment que le corps humain-angélique que vous décrivez ici soit un corps réel, du moment où il n'a plus d'organes sexuels, il appartient au sexe neutre, c'est-à-dire que l'homme et la femme ont disparu complètement sous cette nouvelle enveloppe de l'âme, et si les autres formes corporelles sont demeurées ce qu'elles étaient dans la vie humaine, comme l'influence des organes sexuels n'existe plus, le caractère distinctif des sexes a donc entièrement disparu.

— Je vous répondrai que l'âme a son sexe propre indépendamment de tout corps ; ainsi l'a voulu le germe primitif éternel dont elle émane. Elle est donc née masculine ou féminine suivant ce qu'était ce germe incréé. D'après ce principe, il est certain que les organes des facultés pensantes de l'âme ont subi de tout temps l'influence sexuelle qui s'exerçait sur elles. Ce n'est donc pas le corps qui crée le sexe, mais il subit au contraire le sexe animique qui s'impose à lui. Seulement, pour qu'il y ait accord constant entre l'âme et le corps, la nature donne toujours, sans erreur, une âme de même sexe que celui de ce corps. Quoi de plus simple alors qu'àprès la désincarnation le même sexe ait persisté, comme il persistera inamovible dans les carrières éternelles de cette âme !

Que deviendrait l'amour, ce sentiment sublime dont vous ne tenez pas compte, s'il pouvait arriver que les deux membres du couple d'amour dussent tomber dans l'indifférence qui aurait été la conséquence de l'annihilation des sexes ! Ne serait-ce pas là une catastrophe immense que l'anéantissement de cet amour, qui est toute la vie des êtres quand ils se sont élevés dans les pures régions de l'idéal où se manifestent les plus grandes jouissances de l'âme ?

Dans l'ordre nutritif qui se rapporte au corps humain-angélique, il est des modifications résultant du mode digestif particulier à ce corps. Lui refuser toute alimentation, ce serait contraire à la loi de régénération de tout organisme, puisque l'organisme corporel de l'âme, lui-même, se nourrit au moyen de la fonction . respiratoire.

Ainsi ce corps, soit uni au corps humain, soit vivant à l'état de liberté, absorbe une nourriture qui lui est particulière, solide et liquide, mais tellement raffinée qu'elle ne demande point nos appareils digestifs si complexes pour opérer le travail de la digestion, qui a lieu simplement par la conversion de tout aliment en matière gazéiforme. De cette manière, cette fonction digestive demeure entièrement insensible, ainsi que le veut la loi de progrès, qui affranchit l'homme-ange, ou l'ange-humain, des sujétions, que l'on peut dire si humiliantes pour notre nature humaine incomplète.

A part ces différences dans les organes de l'ordre digestif, l'anatomie des deux corps que nous mettons en présence est sensiblement la même, quoique la beauté des formes l'emporte nécessairement dans celui des deux qui est le plus perfectionné. C'est pourquoi l'homme, devenu par la suite ange-humain, possède une beauté, pour nous idéale, qu'il ne nous est pas permis d'atteindre dans notre règne.

XXX

DE L'ÊTRE CORPOREL HUMAIN-ARCHANGÉLIQUE

Le corps archangélique, qui est le lien immédiat en contact avec l'âme pour unir cette âme au corps humain, par l'intermédiaire du corps humain-angélique, se présente également comme un être corporel-archangélique. C'est pourquoi, aussi bien que les êtres corporels précédents, il est constitué par une corporéité corporelle archangélique, par une âme corporelle archangélique et, enfin, par une divité corporelle également archangélique.

Chez l'homme, le corps archangélique n'est encore qu'à l'état rudimentaire et inachevé, étant moins nécessaire que le corps humain angélique qui ajoute ses fonctions à celles du corps humain. Et d'ailleurs, le corps humain-angélique doit être complet d'une manière permanente pour servir après l'extinction de la carrière humaine, tandis que le corps humain archangélique ne servira que quand l'être, à l'état d'ange, aura à s'élever dans le règne supérieur, qui est celui de l'archange.

Ces réserves faites, nous dirons que le corps archangélique et le corps angélique ont de très grandes similitudes dans leur plan anatomique. Ce qui les différencie le plus, c'est la nature de leur matière corporelle constituante, qui est aussi invisible et intangible aux sens de l'être angélique que la matière corporelle de ce dernier est invisible et intangible aux sens de l'homme. C'est précisément cette valeur différentielle dans la matière corporelle qui détermine les conditions des valeurs qualitatives supérieures se manifestant d'un règne à l'autre, c'est-à-dire du règne angélique au règne archangélique.

Si, maintenant, nous jetons les regards sur le corps archangélique lorsqu'il est entièrement formé, il nous apparaîtra, dans son aspect extérieur, semblable à celui de l'ange, quoique incomparablement plus idéalisé encore.

Le corps archangélique ne comporte pas plus d'organes sexuels que le corps de l'ange, pour la même raison que ce corps est encore une production de l'âme elle-même.

Il est encore en lui quelques modifications dans les organes de l'ordre nutritif ; car, si le corps archangélique est obligé de s'alimenter, cette alimentation, d'après la loi de progrès, est de beaucoup atténuée ; la nourriture relativement solide ne lui est pas nécessaire et il lui suffit de l'alimentation relativement liquide. De là, une simplification plus grande encore dans les organes de digestion.

A un état rudimentaire chez l'homme, le corps ar-

changélique accomplit nécessairement sa nutrition liquide qui, d'ailleurs, ne s'opère que peu souvent,
comme également la nourriture du corps humain-angélique n'est que rarement obligatoire et n'est nécessaire qu'à de longs intervalles, mais plus rapprochés
cependant que le sont ceux exigés par le corps archangélique pour le même ordre de fonction.

— Vous avez décrit deux corps s'ajoutant au corps
humain proprement dit, et vous les avez considérés
comme des liens nécessaires pour rattacher à l'âme
celui qui tombe sous nos sens et dont la matière, d'après
vous, est si grossière par rapport à celle qui compose
le corps animique ; puis vous avez attribué à ces corps
des fonctions adjonctives qui peuvent avoir leur utilité, mais vous ne vous êtes pas contenté de ces créa-
tions corporelles que vous prétendez accomplies par
l'âme, et on voit ensuite, je ne sais trop comment,
l'homme, après la mort, devenir un tout autre être,
affublé de ce corps humain-angélique auquel est de-
meuré attaché, bien entendu, le corps humain-archangélique. En vérité, ne croyez-vous pas qu'il y ait beaucoup de fantaisie dans un pareil système, où le positif
et le raisonnable semblent disparaître entièrement ?

— N'avez-vous point accepté, après démonstration,
que l'âme humaine était indestructible et appelée à
progresser sans cesse ? Si donc elle progresse, ce progrès qu'elle accomplit dans le règne humain devient
tellement complet pour cette âme, à une certaine époque, qu'elle ne trouve plus d'éléments suffisants à ses
aspirations. La nature serait donc bien imprévoyante
et bien peu juste si elle ne préparait à l'homme des carrières supérieures aux carrières humaines ; c'est pourquoi l'homme, à un moment donné, peut s'élever à
un règne supérieur au sien, au règne appelé angélique,
pour ne pas lui donner un autre nom. Dans ce règne,
l'homme qui est devenu ange, ayant de même accompli toute la somme de progrès dont il est susceptible,
n'a-t-il pas mérité de s'élever plus haut encore, c'est-à-

dire à un règne nouveau, au règne nommé archangélique ?

D'après la même loi, vous pourrez également admettre que l'archange qui a épuisé toutes les perfections de son règne, soit promu à un grade supérieur encore. De là, un nouvel ordre ternaire de règnes, correspondant aux trois règnes humain, angélique et archangélique, prenant successivement la dénomination de règne *déitaire-humain*, de règne *déitaire-angélique* et de règne *déitaire-archangélique*, ces trois règnes déitaires ouvrant de vastes champs de progrès aux êtres supérieurs dignes de les parcourir.

Non seulement la nature donne à chacun la récompense qu'il a méritée, mais ses vues sont plus hautes encore, car elle utilise toutes les valeurs qualitatives de l'être, elle utilise la perfection des sens, la perfection des facultés affectives, la perfection des facultés intelligentes, et opère des classements tels que ces facultés ont leur emploi spécial dans le concert de la vie universelle, suivant que l'être est construit lui-même dans son organisme pour les appliquer de la manière la plus utile.

L'homme, assurément, est appelé par les sens, que dirige son intelligence, à créer les grandes merveilles de l'industrie qui font notre constante admiration. Mais combien son essor est limité cependant, en raison de la grossièreté de son organisme corporel, qui le rive à la croûte terrestre ? Sera-t-il jamais capable de seconder la divinité dans l'application des lois de la nature ? Lui est-il donné de parcourir les immensités pour concourir à l'exercice régulier du fonctionnement des astres, et son pouvoir peut-il même s'étendre à la gestion d'un seul astre, dont il est même incapable de sonder la profondeur ?

Pour opérer les hautes fonctions de la vie sidérale, il faut donc des êtres doués des capacités voulues pour les exercer, et, de là, l'existence nécessaire et indispensable des règnes supérieurs spécialement constitués en vue de ces hautes et suprêmes attributions.

Assurément, si votre pensée veut demeurer dans le domaine de la logique, vous vous verrez contraint à accepter des formes d'existence de beaucoup plus élevées que celle de l'homme ; ainsi le veut la loi de progrès à laquelle, je crois, vous vous soumettez sans hostilité.

XXXI

NATURE HUMAINE ANIMIQUE ET CORPORELLE

L'être humain n'est pas seulement un être organisé d'après le plan préconçu représentatif de son espèce, car s'il est simultanément corps et âme, c'est à la condition que tout ce qui est corporel en lui devienne réel au moyen du principe de substance, que ce qui est animique soit animé au moyen du principe de vie, et que la divité qui rayonne au sein de l'âme et du corps, non seulement donne la formule de toutes les lois de vie, mais qu'elle fasse exécuter ces lois d'une manière constante.

De là résulte pour l'être humain le triple principe *substantiel, vital* et *législatif* qui représente sa *nature humaine* particulière et dont l'étude doit compléter celle de la forme générale qui le représente et qui, autrement, manquerait de toute réalité.

XXXII

PRINCIPE SUBSTANTIEL HUMAIN

L'homme, vous venez de le voir, participe déjà de l'archange, dont il possède l'élément corporel en lui ; c'est pourquoi il renferme non seulement la substance humaine, mais encore la substance angélique et la substance archangélique. Mais arrêtons-nous d'abord à celle que nous nommons la substance humaine.

Le principe substantiel en général se présente sous trois aspects différents ; il comprend : la substance matérielle humaine, la substance fluidique vitale et la substance fluidique pyschique, substances qui nous sont déjà connues d'une manière sommaire.

Ce qui distingue ces trois types de substance les uns des autres, c'est le principe des atomes appelés à les constituer. Ainsi la substance matérielle se compose d'atomes minéraux, la subtance fluidique vitale d'atomes végétaux, la substance fluidique psychique d'atomes animaux.

Toute substance a pour principe primordial l'atome, qui, par lui-même, est un être individuel animique et corporel à la fois ; c'est en cela que la substance, partout où on l'envisage, est toujours un composé d'êtres.

La substance matérielle, ainsi que nous l'avons fait pressentir, se partage en trois ordres différents donnant lieu : à la matière humaine, celle qui compose les corps humains ; à la matière angélique, celle qui compose les corps humains-angéliques, ou simplement angéliques ; à la matière archangélique, qui est générative des corps humains-archangéliques, ou simplement archangéliques.

Chacune de ces trois matières offre des caractères essentiellement distincts, déterminatifs de sa manière d'être.

La matière archangélique étant celle qui présente la plus grande ténuité, comporte, sous un volume égal, un moins grand nombre d'atomes minéraux constituants, en même temps que ces atomes sont d'une très grande pureté. Les agrégations systématiques qu'ils composent prennent le nom de *sphérules*.

Lorsque des sphérules, de valeur moyenne dans leurs atomes, se groupent d'une manière analogue à ces atomes, il en résulte la *molécule*, qui est le principe de la matière angélique, comme la sphérule est celui de la matière archangélique.

Quand des molécules de la valeur la plus inférieure

s'agrègent de la même manière que s'agrègent les sphérules pour composer les molécules, il en résulte le *corpuscule*, qui est le type fondamental de la matière humaine.

On conçoit que dans chacun de ces trois types de matière se forment des adjonctions systématiques de leurs éléments primitifs, pour donner naissance aux corps simples dont les mariages font surgir ensuite les corps composés.

Cependant, comme ces trois ordres de matière émanent d'origines différentes et que les lois de leurs agencements et de leurs combinaisons ne sont pas les mêmes, il en résulte des types spécifiques ayant des caractères distincts et dont les valeurs qualitatives s'élèvent successivement, de la matière humaine ou corpusculaire, à la matière archangélique, ou sphérulaire.

Les êtres des trois règnes inférieurs, les minérauxi les végétaux, les animaux, qui sont en contact avec l'homme, participent de sa matière corpusculaire. De même, ces trois règnes, dans les milieux angéliques, sont formés de matière moléculaire, comme ils ont pour type de formation matérielle la sphérule quand ils ont pour résidence la résidence archangélique.

Non seulement ces trois ordres de matière servent à former les organismes corporels, mais ils ont leur emploi dans l'âme elle-même, qui les utilise dans ses formations intimes.

La substance *fluidique vitale* est constituée d'une manière toute différente de la matière. Elle ne donne pas lieu à des agrégations formant des masses tangibles ; son rôle est tout différent et se borne à une action de transmission des propriétés dont elle est porteur, suivant l'espèce qui la distingue.

Tandis que la matière est vouée à l'inertie nécessaire sans laquelle elle serait impropre à composer les organismes et toutes les constructions quelconques, la substance fluidique vitale est incessamment vibrante, et ce sont ses vibrations qui, suivant leur type vibratoire proprement dit, décident de la forme de la propriété et, par suite, de l'espèce du fluide.

Ces fluides, qui viennent affecter les sens extérieurement pour éveiller en eux la sensation, sont précisément aussi nombreux qu'il y a de sens, c'est-à-dire qu'il y en a neuf, qui sont le fluide *savoureux*, le fluide *odorant*, le fluide *calorique*, provoquant successivement les sens du *goût, de l'odorat* et du *toucher ;* le fluide *sonique*, le fluide *sexuel*, le fluide *lumineux*, sollicitant les sens de *l'ouïe*, de la *voix* et de la *vue* ; le fluide *fulminique*, le fluide *aimanté*, et le fluide *électrique*, animant le sens de *l'étendue*, le sens de la *durée*, le sens du *nombre*.

Pour se rendre un compte exact de la formation première de ces fluides, il faut remonter d'abord à leur lieu d'origine. Or, d'où les voyons-nous sortir communément si ce n'est de la matière ? Et comme cette matière n'est elle-même qu'un composé d'atomes minéraux, c'est donc l'individu minéral qui est ce lieu d'origine.

Mais l'atome minéral est lui-même un être que vous verrez bientôt sous la double forme animique et corporelle, ayant en soi les premières sources de vie.

C'est dans cette âme minérale que se trouve précisément l'instrument de propulsion de tous les fluides qu'elle émet extérieurement à elle par rayonnement, agissant *par expiration* de la même manière que l'âme humaine.

Supposons qu'il s'agisse d'engendrer un rayon de fluide, électrique par exemple. Pour cela, l'âme minérale chargée pour sa part de cette formation, projettera extérieurement au moi-interne qui est en elle, au moyen de son appareil pulmonaire, une force d'expulsion qui trouvera pour la recevoir, dès son point de départ, des atomes végétaux, agents de transmission de cette force expulsive qui est, en même temps, une force d'impulsion.

On conçoit qu'au sortir du domaine du moi, il se

trouve une filière d'une forme déterminée dessinant précisément le type vibratoire particulier au fluide électrique ; il suffira alors que ce fluide, en se prolongeant, continue sur tout son parcours à vibrer de la même manière pour que ce fluide se trouve nettement constitué. Mais afin que le courant représentatif de la course de ce fluide puisse se propager à distance, il lui faut un système de conducteurs qu'il trouve dans les atomes végétaux dispersés autour de lui dans le milieu, ambiant. Ce sont ces atomes végétaux qui, recevant la forme vibratoire, la transmettent de proche en proche telle qu'elle leur est donnée, et comme la force d'impulsion se renouvelle sans cesse, le type de vibration demeure dans la stabilité.

Ce courant électrique que nous venons de voir se former dans une âme minérale, se répète de la même manière dans toutes les âmes analogues, lorsque celles-ci, sollicitées par une action chimique ou autre, se trouvent contraintes de le faire naître.

Ainsi, toutes les fois qu'un fluide vital est réveillé dans ses vibrations propres, au sein de l'âme minérale, celle-ci devient aussitôt multiplicative des premières vibrations reçues, qu'elle émet extérieurement à elle. On conçoit que se produisent de la même manière le fluide lumineux, le fluide sonique, le fluide calorique, ou tout autre fluide, puisque, pour cela, il suffit que le type vibratoire particulier ait été mis en jeu.

Ce n'est pas seulement l'âme minérale qui peut être propulseur de fluides vitaux, c'est aussi bien l'âme végétale, l'âme animale, l'âme humaine ou tout autre encore, car ne voyons-nous pas tous les êtres autour de nous susceptibles de ces émissions de fluides ?

Ce qui caractérise les fluides vitaux, c'est leur mode de propagation par nappes successives, c'est-à-dire s'étendant en surface. Les courants d'induction, issus du fluide électrique, donnent avec la plus grande évidence la démonstration de cette propagation qui se représente aussi bien dans le fluide calorique, dans le fluide lumineux et autres. D'ailleurs, cette manière de faire n'est-elle pas la plus propice pour la répartition uniforme des fluides vitaux dans les grands espaces firmamentaires?

La substance fluidique psychique provient de procécédés de formation analogues. Seulement, au lieu d'avoir pour producteur les âmes les plus inférieures parmi les règnes, les âmes minérales, qui sont les auteurs principaux des fluides vitaux, ce sont au contraire les âmes humaines, les âmes supérieures au règne humain, qu'il faut voir comme les plus riches génératrices de ces fluides, qui sont ceux de la pensée.

Cependant, les animaux apportent leur contingent de ces fluides, qui, chez eux, sont les fluides *instinctifs* ; les végétaux eux-mêmes engendrent des fluides psychiques dits *automatiques*, et les minéraux ont les leurs, nommés fluides psychiques *inconscients*, et qui sont les moins riches entre tous.

Les fluides psychiques se partagent en trois groupes principaux : le groupe des fluides *sensoriels*, le groupe des fluides *affectifs* et le groupe des fluides *intellectifs* ; puis, chacun de ces groupes en neuf fluides spéciaux. Comme il y a neuf sens, il y a nécessairement neuf fluides psychiques particuliers pour les répercuter sur les organes intérieurs qui les localisent. De même, les neuf facultés affectives demandent un nombre égal de fluides psychiques affectifs ; et, pareillement, il y a neuf fluides psychiques intellectifs pour exercer les neuf facultés de l'intelligence.

L'âme agit de la même manière que pour les fluides vitaux, quand elle est appelée à les mettre en jeu. C'est encore au moyen de son appareil pulmonaire qu'elle lance la radiation particulière, qui se compose d'abord au sein du moi essentiellement radiateur. Pour cela, le rayon passe de même par une filière qui lui impose sa forme vibratoire spéciale ; mais cette forme est d'accord avec celle qui prédomine dans la faculté à faire vibrer. En même temps, d'autres vibrations par-

ticiles emportent avec elles les images de la somme des
facultés animiques photographiées dans chaque rayon,
ainsi que je vous l'ai fait connaître,

Au sortir du domaine du moi externe, le fluide psychique projeté dans l'espace trouve aussitôt sur son
passage des atomes animaux d'une impalpable petitesse, qui sont ses conducteurs et se transmettent fidèlement le type des vibrations dont ils sont les véhicules.

Au lieu de se propager par surface, les vibrations
des fluides psychiques prennent les directions linéaires
et plus particulièrement rectilignes. C'est ce qui donne
à la pensée son incomparable rapidité, la vitesse des
fluides vitaux les plus rapides, telles que celle du fluide
électrique ou du fluide lumineux, étant surpassée d'une
manière incomparable par celle des fluides psychiques.
Ainsi, tandis que la lumière du soleil met huit minutes
environ pour arriver du soleil à la terre, suivant sa
propagation par surface, la pensée humaine, se diri-
rigeant suivant la ligne droite, peut arriver au même
but d'une manière presque instantanée. Cependant,
cette instantanéité ne peut exister, même pour la pensée la plus parfaite, qui est la plus rapide, car il est
certain qu'il faut toujours un temps déterminé pour
qu'un mobile ou une vibration se rende d'un lieu à
un autre.

De même que la substance matérielle, la substance
fluidique vitale et la substance fluidique psychique sont
soumises à des types différents, suivant que ces substances appartiennent soit au milieu humain, soit au
milieu angélique, soit au milieu archangélique. C'est
là une conséquence nécessaire de la loi de progrès, qui
se manifeste à l'égard de ces deux formes de substance
aussi bien qu'à l'égard de la substance matérielle.

Il en résulte alors que les propriétés de ces fluides ne
sont plus exactement les mêmes en chacun de ces trois
différents règnes, et que les lois qui les régissent étant
également modifiées dans leurs plans, les phénomènes
engendrés ne peuvent plus être semblables.

8*

— Croyez-vous que la description que vous venez de faire de la substance rencontre beaucoup d'adhérents parmi les savants ? Pour eux, la matière est inerte, elle est entièrement passive, tandis que vous lui donnez la vie en puissance ; et, avec la vie que vous attribuez à chaque atome, dont vous faites une âme minérale, vous renversez toutes les vieilles théories sur cette matière, que l'on considère plutôt comme une image de la mort.

De même, par votre manière de voir sur les fluides vitaux, dont vous avez donné la nomenclature, vous aurez tout autant d'adversaires ; car si vous êtes d'accord sur le système des ondulations vibratoires, vous ne l'êtes guère sur les agents de transmission de ces ondulations ; et comment ferez-vous admettre la présence de ces atomes végétaux vivant dans les plus basses températures ?

Quant aux fluides psychiques, dont personne n'a encore parlé, et qui, d'après vous, sont les véhicules de la pensée, il vous sera plus difficile encore de faire comprendre comment vivent les petits animalcules qui en sont sur place les commutateurs. Si donc vos végéticules et animalcules ne peuvent subsister au sein du froid intense qui doit les détruire, votre théorie sur les véhicules des fluides vitaux et psychiques tombe à néant.

— Rien n'est plus sérieux que votre objection sur la question qui se rapporte à l'existence possible des agents de transmission des fluides ; cependant, il n'est pas impossible d'y répondre, ainsi que vous l'allez voir.

Il a été reconnu par tous les physiciens que chaque fluide vital quelconque, tel que le fluide calorique, le fluide lumineux, ou tout autre fluide de cette série, se trouvait toujours accompagné par tous les autres en certaines proportions, sans que le fluide prépondérant fût annihilé pour cela. Or, d'après cette loi, partout où se manifeste un courant fluidique vital, de quelque nature qu'il soit, il y a toujours dans ce courant une certaine somme de fluide calorique, de fluide lumineux, de fluide aimanté, de fluide électrique... de telle sorte que chaque atome végétal, agent de transmission, se trouve constamment réchauffé, éclairé, vivifié de toutes manières et n'a point à souffrir des conditions défavorables du milieu ambiant.

Je puis en dire autant des animalcules microscopiques, conducteurs, dans l'espace, des vibrations des fluides psychiques, car ces fluides se trouvent protégés par une gaîne de fluides vitaux qui, précisément, leur apporte ces diverses conditions de la vie, et, dès lors, dans leur propre courant fluidique, ils rencontrent des conditions d'existence tout aussi favorables que celles dont jouissent les animaux vivant sur tous les astres.

Ces explications données, les objections que vous venez de faire tombent d'elles-mêmes et rien ne s'oppose alors à ce qu'on accepte ce plan de formation des fluides, qui répond si bien à tous les phénomènes qu'ils engendrent.

XXXIII

PRINCIPE VITAL HUMAIN — FORMATION

La vie, qui vient de l'âme, son principe primordial, anime le corps qui vit ainsi par elle. De là le double principe de la vie animique et de la vie corporelle.

Considéré en lui-même d'une manière générale, le principe vital se partage en trois principes secondaires qui sont : le principe de *formation*, le principe de *fonction* et le principe d'*évolution*.

Il est certain que tout ce qui commence, tout ce qui fait son entrée dans la vie est soumis au principe de formation qui, lui-même, embrasse la *production créatrice première*, la *santé* ou la *maladie* et la *vitalité*.

L'âme a son commencement comme le corps, et nous

l'avons déjà fait pressentir en disant qu'elle provenait
d'abord du germe éternel qui, fécondé par le rayon divitaire, ou rayon divin, recevait ainsi la vie animant
le *moi* dans son sens intime, après l'incubation nécessaire pour cet enfantement.

Le corps est engendré par les mêmes principes de
production créatrice : le germe corporel primitif, l'ovule
est fécondé par le spermatozoïde qui le complète en
formant la graine humaine, laquelle, après l'incubation
dans le sein de la femme, devient le fœtus qui sera le
jeune corps humain.

Pour que la formation soit durable, il faut la santé,
qui est l'état hygénique préservateur de la maladie, qui
est le fonctionnement régulier du mécanisme de la vie.
Quand l'hygiène fait défaut, quand ce fonctionnement
devient anormal, c'est alors que survient l'état mor-
bide qui empiète sur le travail de formation qu'il tend
à détruire.

L'âme est sujette à la maladie comme le corps,
quand, offensant les lois divines, elle entre dans la voie
du mal. Ce n'est pas dans ses organes qu'elle est jamais
atteinte, car ceux-ci sont à jamais inattaquables par
la décomposition, en vertu de la matière particulière
du corps animique dont les actions chimiques spéciales
le protègent contre toute destruction ; mais ce qui
subit les souffrances de la maladie dans l'être animique, ce sont les courants psychiques qui composent
sa personnalité et qui, en réalité, étant les propres auteurs de ses actes, ressentent, ou l'état de félicité ou
l'état de souffrance morale, qu'ils engendrent.

C'est pourquoi l'âme qui souffre pour avoir commis
le mal, ne fait cesser cette souffrance qu'en revenant
au bien, car alors elle échange des fluides corrompus
et malsains contre des fluides purs qui lui rendent l'état
de santé.

Le corps, bien plus imparfait que l'âme, est atteint
par la maladie, non seulement dans ses fluides, mais
encore dans sa matière organique ; c'est pourquoi il

encourt la mort lorsque ses organes principaux sont désorganisés et impropres à la continuation de leurs fonctions. De même, on le comprend, l'hygiène corporelle s'impose pour établir la santé, afin que les microbes morbides minéraux, végétaux et animaux, privés du milieu délétaire indispensable à leur formation et à la continuité de leur existence, ne puissent subsister dans le corps. Et, de même, la santé corporelle demande le fonctionnement normal des organes, résultant de la régularité de la vie, ou de la modération dans tous les exercices de l'organisme, conséquence de la sagesse dans les habitudes, repoussant tous les excès.

Le principe de *vitalité* comprend, pour l'être humain animique et corporel, trois termes : *l'incarnation*, la *croissance* et la *désincarnation*. Les deux termes extrêmes s'imposent à l'âme tandis que le terme intermédiaire, la croissance, est commun aux deux organismes ; car si le corps croît à partir de la naissance jusqu'à l'âge où il doit rester stationnaire, une même loi s'impose à l'âme pour la faire progresser d'une manière quantitative aussi bien que d'une manière qualitative. Quand nos facultés pensantes acquièrent des intensités successives qui augmentent leur puissance agissante, ne faut-il pas que, pour donner satisfaction à cette puissance animique augmentative, le corps de l'âme progresse, en conséquence, dans l'étendue de tous ses organes ? C'est pourquoi il faut considérer la croissance de l'âme comme indéfinie, et c'est là l'élément indispensable de l'acquis de tous ses progrès futurs.

XXXIV

DES INCARNATIONS ET DES DÉSINCARNATIONS ALTERNANTES

La connaissance des trois corps chez l'homme aidera à faire comprendre la loi des incarnations et des désincarnations alternantes, exprimant le passage de la vie humaine proprement dite à une autre vie que l'on nomme la vie angélique ; comme réciproquement l'être humain angélique qui quitte le milieu où il réside, quand il doit faire retour à l'humanité, s'incarne dans un jeune corps humain.

N'est-il pas certain que l'homme, au sortir de la carrière humaine, après avoir dépouillé le corps humain, ne peut se trouver autre part que dans une carrière nouvelle dans laquelle il se voit vêtu du deuxième corps, du corps humain angélique qui, à ce moment, lui devient visible et tangible par l'intermédiaire des sens de ce même corps ?

Si l'homme était assez perfectionné pour ne plus avoir à revenir sur la terre, ou sur tout autre globe humain analogue, on concevrait qu'il n'ait point à s'y réincarner. Mais il n'en est point ainsi pour le plus grand nombre d'entre nous, notre humanité, bien jeune encore, n'ayant accompli que très peu de progrès animiques. Aussi la presque totalité de ses membres est-elle conviée à venir se réincarner après un séjour plus ou moins long, accompli dans le milieu où s'écoulent les carrières humaines-angéliques.

Ces carrières humaines multiples sont nécessaires à l'âme pour qu'elle acquière les notions premières des sens, des facultés affectives et des facultés intellectives, autrement, parvenue avant l'heure en un règne supérieur, elle s'y trouverait déplacée et ne pourrait y vivre.

D'ailleurs, quand on considère notre humanité en elle-même, n'est-on pas frappé au premier coup d'œil de la différence si grande qui distance certains peuples les uns des autres ? N'en voyons-nous pas encore qui sont entièrement primitifs et dont les facultés générales ne sont guère supérieures à celles des animaux domestiques ? De même, en chaque peuple, dans les races de celui-ci et même dans les familles, combien voit-on de différences, qualitatives chez les individus, faisant comprendre que les uns et les autres sont plus ou moins jeunes par l'âme dans l'humanité. C'est-à-dire que parmi ces âmes, il en est, celles qui sont les plus imparfaites, qui sont très rapprochées encore de la naissance animique humaine, tandis que d'autres ont beaucoup vécu déjà à la suite de nombreuses carrières et ont pu acquérir à la longue tout ce qui leur a donné leur supériorité.

Comment expliquerez-vous autrement les facultés natives souvent si remarquables que l'on rencontre chez certains individus, même dans leur enfance ? Nous voyons parfois de petits musiciens qui sont des·prodiges, pour cette raison qu'ils ont rapporté en naissant leurs anciennes facultés, précédemment acquises en des carrières humaines antérieures. Il n'est pas d'effets sans cause, il faut bien se soumettre à cette grande vérité. Comment donc expliquer ce talent naissant que nous venons de prendre pour exemple, s'il n'a point été longuement élaboré en des temps antérieurs à cette naissance ? Car rien ne peut jamais naître de rien, tout a son germe primitif, et le germe qui nous occupe ici a été créé a son heure pour pouvoir se développer ensuite suivant les circonstances et les milieux.

Ce que je viens de vous dire de l'acquis antérieur de la faculté musicale, on pourrait le dire de même pour tout autre sens artistique ou même industriel. Mais le champ des observations peut s'étendre aussi bien aux facultés affectives et aux facultés intellectives.

Croyez-vous que l'homme qui naît généreux et bon, qui est orné des grandes qualités affectives, ne les a point acquises à la suite de nombeux efforts sur lui-même ? Combien faut-il de longues épreuves pour amener une âme à être grande ? Que de combats incessants elle a eu à livrer contre elle-même pour dompter son égoisme et devenir ce que l'on nomme vertueux ? Les criminels, les malfaiteurs qui infectent la société, ne seront pas toujours dans les bas-fonds du vice. A la suite de carrières successives, purifiés par la souffrance, ils reviendront moins mauvais, plus tard ils se montreront un peu meilleurs, plus tard encore on les verra tout à fait bons.

Que ceux d'entre-nous qui se reconnaissent quelque mérite, ne s'enorgueillissent pas trop s'ils veulent prétendre à la noblesse intacte de l'âme. Il n'est pas un seul d'entre nous qui ait débuté dans les carrières humaines sans avoir été plus ou moins entaché par ses propres fautes. Voilà pourquoi nous devons toujours être remplis de tolérance pour les autres et jeter un regard interrogateur sur notre passé, bien que ce passé nous soit inconnu, nous demandant si, à une époque donnée, nous ne valions pas moins encore que ceux qui sont l'objet de nos critiques et de nos sévérités.

Mais ce qui doit nous consoler de nos faiblesses antérieures, quand notre âme humaine était enfantine encore, c'est le courage moral dont nous avons fait preuve et qui nous fit vaincre ce qu'il y avait de mauvais en nous. Nous n'en avons pas moins acquis nos titres de noblesse animique, nul ne nous les a donnés que nous-mêmes, et il nous est permis de les contempler, si non avec orgueil, du moins avec une certaine fierté, pour communiquer cette même fierté aux autres, que nous voudrons encourager par notre exemple.

Croyez-vous que les facultés intellectuelles s'acquièrent d'une autre manière que par un travail analogue? Celui qui est ignorant dès l'enfance, qui n'accomplit aucun labeur susceptible de faire progresser son intelligence, celui-là mourra sans avoir rien acquis, il s'en ira comme il était venu, les mains vides. Tout au contraire, le travailleur assidu qui élabore son intelligence sous quelque forme que ce soit, accumule dans les réserves de son âme des trésors intellectuels, comme il peut emmagasiner des trésors affectifs. Rien ne se perd, pour l'âme, de ce qu'elle acquiert, et elle retrouve toujours par l'instruction tout ce qu'elle a su s'approprier.

C'est d'après cette loi admirable que nous voyons les

savants continuer, à travers les carrières humaines qu'ils traversent, leurs glorieux travaux, retrouvant dès la jeunesse leurs facultés puissantes. Celles-ci se réveillent sous le choc de l'étude et font naître les découvertes nouvelles que les nouveaux développements de leurs facultés leur permettent de faire éclore.

En résumé, l'âme possède en naissant tout ce qu'elle a su acquérir en ses carrières humaines antérieures ; car si elle n'avait rien en réserve qui fût déjà le produit accumulé de ses facultés, elle apparaîtrait dépourvue de toutes capacités natives. Toutes les âmes seraient placées alors, pour ainsi dire, sous un même niveau, étant rudimentaires en tout, et chacun de nous, ayant tout à apprendre quand il vient de naître, ne montrerait guère que des aptitudes à peine supérieures à celles de l'animal.

— D'après ce que vous venez de dire, vous croyez donc que nous conservons tout ce que nous avons appris. S'il en était ainsi, le savant qui meurt aujourd'hui, reviendrait un jour sur la terre avec son même bagage scientifique. Cependant, vous ne voyez personne se souvenir de cette science antérieure, chacun étant obligé d'étudier toute chose, parce que ce qu'il n'a pas appris lui demeure entièrement inconnu. Votre manière de voir est donc inexacte.

— Le souvenir de ce que nous avons appris ou connu avant de naître ici-bas, ne peut se révéler à notre pensée avec la rectitude que vous demandez. Cependant, je puis vous donner une raison bien simple de ce phénomène de réminiscence que vous allez comprendre. Au moment où nous vivons dans la carrière que nous avons été appelés à parcourir, les événements auxquels nous prenons part laissent leur trace écrite, non seulement dans notre âme qui en conserve le répertoire, mais également dans nos organes cérébraux corporels qui, il faut le dire, sont les instruments immédiats de nos souvenirs. Et, en effet, si nos organes mnémoniques reçoivent une lésion qui les atrophie, ainsi que

9

cela arrive quelquefois dans les réservoirs accumulateurs du cerveau, correspondant avec la faculté de la mémoire, nous oublions tout ce que nous avons appris. Après la mort du corps, l'effacement de ces souvenirs est complet et rien ne pourra s'en reporter, par la suite, sur un autre corps que nous reprendrons en naissant. S'il pouvait en être autrement, si cette transmission était possible, nous pourrions conserver la continuité des souvenirs des carrières précédentes ; mais à quoi bon puisque l'âme les accumule et nous permet de les lire sur le cerveau de notre deuxième corps, où ils se sont également gravés, lorsque notre corps humain grossier ne s'oppose plus à cette vision de la pensée, après la mort.

D'ailleurs, la fidélité des souvenirs serait superflue pour l'esprit qui veut s'instruire, car le progrès sous toutes les formes ne change-t-il pas de siècle en siècle ? Il suffit donc que les capacités, qui sont l'instrument exécutif de la pensée, aient été conservées par l'âme dans toute leur plénitude pour que celle-ci, de concert avec le corps, leur rende bientôt toute l'activité qu'elles possédaient jadis.

Si le souvenir de nos carrières antérieures nous était laissé, il serait un don fatal pour ceux qui furent ennemis et qui auraient la faculté de se reconnaître, en un monde comme le nôtre, livré encore aux sentiments de haine et de vengeance. N'est-ce point assez que des antipathies souvent profondes décèlent d'une manière intuitive de vagues souvenirs de répulsion ? C'est pourquoi la nature, toujours prévoyante et sage, s'est opposée à cette possibilité de se reconnaître et de se rappeler les faits antérieurs à la naissance. Cependant, on conçoit que, par la suite, dans un temps où notre corps humain sera devenu moins grossier, en même temps que la société se montrera plus harmonieuse, on conçoit que l'âme transmette jusqu'à un certain point à ce corps un ensemble de souvenirs permettant de retrouver les traces de la vie humaine antérieure.

D'après ces conditions générales, qui nous enseignent que tout ce que nous possédons dans nos facultés, soit sensorielles, soit affectives, soit intellectives, est le fruit de nos labeurs, mais que ce fruit nous sera fidèlement conservé dans les réservoirs de l'âme, — ne sommes-nous point encouragés à travailler avec une constante ardeur à notre avancement progressif?

Voulons-nous devenir par la suite, si nous ne le sommes encore, un grand artiste dans l'industrie ou dans les arts? Sachons alors nous appliquer à tout instant à créer avec amour, avec une noble passion pour le progrès, tout ce que nous exécutons, car c'est ainsi que s'engendre, que se développe l'habileté des sens et que nous savons produire des chefs-d'œuvre. Le paresseux, au contraire, qui travaille sans goût, sans intérêt à ce qu'il produit, atrophie ses facultés et retarde son avancement progressif dans son art.

N'en est-il pas de même pour toutes nos facultés morales ou affectives? Si nous les élaborons avec lenteur, ou si, ce qui est pis encore, nous faisons le mal, méconnaissant la vérité, la justice et le devoir, au lieu de nous élever vers le progrès moral qui doit être le but supérieur de nos efforts afin de devenir réellement grands, nous rétrogradons, nous retournons en arrière, oubliant nos progrès acquis ; la loi divine nous châtiera par la souffrance, pour nous avertir de la chûte à laquelle nous nous préparons. Dans ces conditions désastreuses, l'âme humaine, au lieu de suivre sa voie naturelle, qui est celle du progrès, dépérit au contraire jusqu'à ce qu'elle se relève et se guérisse de ses fautes et de ses erreurs. C'est seulement alors que, plus pure, il lui sera possible de se préparer une carrière meilleure lui ouvrant des horizons nouveaux.

Mais c'est une profonde erreur de croire qu'il suffise à l'âme de cultiver seulement ses facultés affectives et morales ; comme l'intelligence est le guide de ces facultés, elle doit nécessairement être élaborée d'une manière parallèle à leur avancement. Et d'ailleurs, pour

qu'un être humain soit susceptible de s'élever vers un
règne supérieur au sien, il faut qu'il soit susceptible d'y
vivre et, pour cela, qu'il revête toutes les valeurs qualitatives nécessaires à l'existence dans ce milieu. Il doit
donc posséder simultanément les perfections artistiques,
affectives et intellectives lui donnant toutes les aptitudes
voulues, le rendant admissible en cette nouvelle région
de vie, ou bien alors il courrait le risque de demeurer
sans fin dans les bas-fonds de son propre règne, dont
il ne pourrait sortir pour s'élever au-delà.

Tout ce que l'âme acquiert dans ses facultés, nous
l'avons dit, lui est fidèlement conservé. La loi de justice
divine est même si rigoureuse dans sa bonté, que celui
qui est momentanément déchu, retrouvera, après sa
réhabilitation, tout ce qu'il avait antérieurement acquis.
Il est comme le malade qui, après la guérison du corps,
rentre en possession de l'usage de tous ses organes.
Que ce privilège ne soit point cependant un motif pour
que celui qui commet le mal demeure dans son état
d'abaissement ; mais qu'il soit la consolation, qu'il soit
l'espérance rendue à celui qui se repent ; et que cette
indulgence de la loi, lui rendant le courage pour mieux
faire, soit inséparable du souvenir des souffrances et
des larmes qui ont été la conséquence de ses erreurs.

Je complèterai ce que je vous ai exposé du principe
d'incarnation en vous disant de quelle manière cette
incarnation s'opère lorsqu'un être humain-angélique
doit rentrer dans l'humanité, ou y renaître, ce qui
revient au même.

Pour qu'un tel acte s'accomplisse il faut que celui
qui en est l'objet se prépare d'avance à sa rentrée dans
la vie humaine. C'est alors que l'homme-ange, avant
de quitter son séjour pour se fixer sur la terre, ressent
les atteintes d'une sorte d'engourdissement, de somno-
lence qui, peu à peu, lui fera perdre le sentiment réel
de lui-même.

Se rapprochant d'une manière instinctive de la
femme qui, bientôt, sera sa mère, il se prépare peu à

peu à prendre possession de la nouvelle demeure que doit habiter son âme. Ce n'est point au moment de la fécondation de l'ovule par le spermatozoïde que peut avoir lieu cette prise de possession, mais seulement très peu de jours avant la naissance, quand le cerveau corporel a été complètement formé dans ses organes, afin que le cerveau animique puisse s'y installer en quelque sorte.

Comme la nature n'exige jamais que ce qui est utile, l'âme humaine évite ainsi une sorte de prison cellulaire dans laquelle elle se trouverait confinée inutilement pendant les longs mois de la grossesse; c'est pourquoi il lui suffit d'une préparation beaucoup moins longue pour prendre possession du jeune corps qui lui est destiné.

— Vous me dites que l'âme n'entre dans le corps de l'enfant que très peu de jours avant la naissance; mais puisque vous donnez l'âme pour moteur au corps, comment expliquez-vous les mouvements, les secousses souvent très vives que ressent la mère dès le quatrième ou cinquième mois de la grossesse? N'est-ce pas l'âme qui doit les produire en compagnie de ses deux autres corps? Et, si cette âme est absente, quel en est l'auteur?

— Vous avez oublié qu'il y a dans le jeune corps en formation une âme toute spéciale et qui est son âme corporelle. Cette âme corporelle, formée par la mère, et à laquelle le père a participé en lui donnant son germe primitif, cette âme est précisément l'auteur de ces secousses, qu'elle produit au moment où elle entre dans sa vie propre et où elle prend possession du cervelet au sein duquel elle manifeste sa vitalité naissante.

Vous pourriez ajouter encore que l'enfant naît quelquefois après sept mois de gestation, et qu'il peut y avoir anomalie dans le phénomène de la naissance. Mais l'âme qui doit renaître à la vie humaine surveille de longue date la construction de son futur corps, et si l'accouchement doit avoir lieu à sept mois, c'est que

tout l'organisme est suffisamment achevé pour la naissance, et rien ne s'oppose alors à ce que l'âme pénètre
dans le cerveau corporel humain et se l'approprie.

Lorsque doit s'opérer la désincarnation, c'est-à-dire
la séparation de l'âme (avec ses deux autres corps) du
corps humain, c'est le phénomène inverse qui s'accomplit. Mais c'est bien à tort que cet acte si naturel a été
appelé la mort ; celle-ci, pour beaucoup, n'est encore
que l'anéantissement complet de l'individu, tandis que
la mort n'existe pas, à proprement parler, même pour
aucun être.

— Ce que vous affirmez en ce moment, permettez-
moi de vous le dire, passe toute limite, en vérité ! Ah !
nous ne mourons pas? Nous n'avons point les uns et
les autres, le plus souvent, une douloureuse et redoutable agonie, suivie de l'expiration du dernier souffle?
Après ce moment terrible, le corps n'est-il pas entièrement mort, puisque bientôt il se décompose, se
dissout et ne laisse plus que les os qui, à la suite des
temps, disparaissent à leur tour? Comment nommer
tout cela autrement que la mort, puisqu'il y a destruction de l'individu ?

— Ce drame, qui vous semble si terrifiant, n'a contre
lui que l'apparence. D'abord, remarquez-le, quand
l'homme s'éteint d'une manière normale, sans avoir
souffert par la maladie, et qu'il quitte la vie terrestre
parce que son corps est arrivé à l'extrême maturité,
tombant dans une autre vie comme le fruit mûr tombe
de l'arbre, son départ s'accomplit sans aucune souffrance;
il meurt en parlant et s'évanouit comme dans un doux
sommeil.

Ce départ de l'âme est bien accompagné d'un état
somnolent et de trouble, comme celui de cette même
âme quand elle entra dans ce même corps, en naissant
à la vie humaine. Or, cet état n'a rien de douloureux,
bien au contraire, lorsque la vie qui s'écoule fut
la vie pure de l'homme de bien ; car ce sommeil est

un trouble délicieux dans lequel la pensée perçoit déjà les douceurs d'un meilleur avenir et la récompense du progrès accompli dans la carrière qui vient de se terminer.

Quant au corps, s'il se détruit dans son ensemble, s'il se dissout, c'est pour rendre la liberté à sa propre matière constituante ; ses animalcules, ses végéticules, ses atomes minéraux sont appelés, eux aussi, à parcourir des carrières nouvelles dans lesquelles ils seront classés selon leur propre valeur acquise, et il n'est aucune parcelle de ce corps qui soit réellement morte, c'est-à-dire anéantie.

Aiñsi donc, comme je vous le disais, la mort n'est qu'un vain mot telle qu'on l'entend aujourd'hui, et si elle fait couler des larmes, comme elle en fera couler longtemps encore, c'est parce qu'elle est un ordre inflexible de séparation pour ceux qui se sont aimés, d'absence douloureuse, mais qui cessera lorsque, nous-mêmes, nous irons rejoindre ceux qui nous attendent, pour nous réunir à eux.

XXXV

FONCTIONS ANIMIQUES ET CORPORELLES

Lorsque l'être a reçu la formation qui le détermine dans son existence spécifique, il n'est encore qu'à l'état d'attente, si l'on peut s'exprimer ainsi, car le but de la vie c'est la fonction, sans l'exercice de laquelle l'être n'aurait pas sa raison de subsister.

Et d'abord, pour vivre, il faut que l'organisme animique, aussi bien que l'organisme corporel, mette en mouvement ses divers organes, et même tous les éléments qui le composent ; car tout élément qui demeurerait dans l'inertie absolue tomberait dans l'anéantissement absolu, ce qui serait la mort réelle, ou la mort également absolue. En effet, si tout ce qui se meut dans l'univers des univers, ou dans le Grand-Tout, venait à s'arrêter subitement, tout ce qui existe tomberait dans l'inertie complète, qui est le contraire de la vie, puisque tous les astres venant à suspendre leur cours, tous les êtres qui les habitent cessant d'être alimentés par les éléments qui les font subsister, ne pourraient que s'éteindre sans retour.

Cette fonction, qui met en mouvement les éléments constituants de l'âme, ou les divers organes du corps pour exercer soit la vie animique, soit la vie corporelle, se nomme la fonction interne. Cette fonction, je vous l'ai fait connaître dans les descriptions de la pensée, en tant que fonction animique interne, et, sous cet aspect, vous concevez qu'elle serait susceptible de prendre de plus grands développements, dont l'ensemble constitue la biologie de l'âme.

Des fonctions internes analogues dans l'être corporel donnent lieu à la biologie également corporelle. D'ailleurs, ces deux biologies sont intimement liées l'une à l'autre et ne forment entre elles qu'un seul et même ordre de fonctions.

A la biologie, ou principe des fonctions internes s'a-joute le principe des fonctions externes, qui, en réa-lité, sont les fonctions de la vie sociale, lesquelles pour s'exercer demandent la mise en activité des mem-bres du corps, dirigés sous l'impulsion de la volonté intelligente externe de l'âme.

Les fonctions externes dans l'âme embrassent tout le travail d'application des sens aux objets extérieurs, celui des facultés affectives, s'exerçant sur les êtres et les choses ; celui enfin des facultés de l'intelligence, agissant sur tous les sujets et sur tous les objets qui la sollicitent dans le milieu social.

Il est un troisième ordre de fonctions, c'est celui des fonctions radiantes. Celles-ci sont plus spéciales à l'âme qu'au corps dans le monde humain. Quoiqu'elles nous de-meurent invisibles, nous avons cependant le sentiment de leur existence et nous savons qu'elles s'accomplissent dans nos relations sociales extérieures où nos fluides se mêlent pour les transmissions tacites de la pensée, faisant surgir les mêmes idées à la fois chez différents esprits dont les aptitudes sont similaires. Puis, viennent les fonctions des *radiations transcendantes*, qui vous sont bien connues, et qui consistent dans la formation des attributs de la grande âme principale, par l'intermédiaire des rayons externes de tous les êtres qui vivent dans son firmament.

XXXVI

ÉVOLUTIONS ANIMIQUES ET CORPORELLES

Il ne faut pas confondre l'évolution avec la fonction, car tandis que celle-ci marque une action vitale pure et simple, celle-là, au contraire, exprime un acte de progrès. Et, en effet, évoluer c'est passer d'un état à un autre, c'est entrer généralement en une autre forme de vie. Pour cela, il y a trois principes dans l'évolution : il y a la *transformation*, les *carrières vitales* et la *translation*.

Tout change et se transforme nécessairement dans la nature ; l'âme, principalement, est soumise à cette loi qui est un des aspects de la loi de progrès, puisque l'âme ne se transformant point, demeurerait constamment dans son état primitif, sans rien acquérir de nouveau.

C'est d'après ce principe que l'âme minérale, à la suite de transformations continues, d'espèces en espèces ascendantes, acquiert les facultés voulues pour devenir âme végétale ; comme celle-ci, à la suite de transformations analogues, gagne les aptitudes nécessaires pour s'élever jusqu'au règne animal. C'est d'après cette même loi que l'homme devient ange, quand il s'est suffisamment perfectionné ; qu'il devient archange, pour s'élever plus haut encore en gravissant les règnes déitaires, les trois règnes supérieurs.

Les carrières vitales sont la conséquence de la transformation des êtres qui, d'ailleurs, ne pourrait s'opérer indépendamment des carrières multiples qui marquent les étapes nécessaires de ces transformations. Ainsi, comment l'homme, par exemple, pourrait-il cesser de faire partie de son règne pour entrer dans un règne supérieur au sien, s'il ne dépouillait le corps humain pour subsister avec le corps angélique? De même, l'ange ne devient archange qu'autant qu'il quitte le corps angélique devenu complet alors. Et, si l'on va plus loin encore, l'archange ne peut s'élever aux règnes déitaires qu'autant qu'il devient entièrement incorporel.

Mais aussi, plus l'être s'élève de règnes en règnes, plus ses carrières deviennent régulières et marquent de longues durées.

Pour aller d'une carrière à l'autre, le dépouillement corporel demeure insensible au-delà du règne humain, et c'est alors que disparaît cette mort relative qui nous glace ici-bas et qui, ailleurs, passe entièrement inaperçue, s'accomplissant aussi simplement que quand nous nous dépouillons d'un vêtement qui nous est trop lourd pour nous trouver vêtu d'un costume plus léger.

La transmigration résulte des carrières vitales, comme celles-ci résultent de la transformation. Lorsque nous quittons la vie humaine en abandonnant le corps humain, nous rendant dans un autre monde, dans le monde humain-angélique, ou dans le monde angélique-humain, suivant notre valeur acquise, il y a transmigration. Celle-ci se renouvelle quand l'ange, s'élevant dans son propre règne à des genres supérieurs au sien, est convié à se rendre en d'autres demeures astrales ; et à plus forte raison, quand il est admis au règne archangélique, ou dans les mondes de l'archange. La transmigration se poursuit de même au fur et à mesure des progrès acquis par l'archange qui, graduellement, le conduisent dans les divers mondes où vivent les règnes déitaires, les règnes supérieurs.

— Le principe d'évolution tel que vous venez de le présenter, ne peut que séduire nos aspirations vers l'idéal ; mais n'est-il pas plus sentimental que réel ? Jusqu'à présent, on a admis ce que l'on nomme le transformisme des espèces corporelles, c'est-à-dire une suite de modifications des corps, formant des espèces nouvelles successives par perfectionnement. Mais, pour cela, il n'est nul besoin du progrès des âmes, des âmes que vous invoquez, car ce sont les organes devenus plus parfaits qui déterminent ces espèces nouvelles et font naître les fonctions auxquelles ils commandent.

— Je vous répondrai que c'est précisément l'inverse qui a lieu, et que ce sont les capacités graduellement acquises par l'âme qui sollicitent les modifications des instruments organiques. Cela est si vrai que c'est toujours l'idée qui précède l'application d'une découverte qui, elle-même, n'est autre chose que la production des moyens matériels pour réaliser cette idée. C'est-à-dire que la capacité inventive se manifeste d'abord, et ce n'est qu'à la suite du plan formulé que vient la construction des appareils, ou des éléments susceptibles d'amener la découverte à l'état de fait accompli.

N'est-ce pas le même phénomène que l'on doit voir dans la transformation exercée par l'âme, quand, après avoir emmagasiné pour ainsi dire des capacités non encore mises au jour, elle construit en elle les instruments nécessaires pour les rendre exécutables. De telle sorte que c'est la capacité qui se compose la première pour faire naître ensuite l'organe ou l'organisation qui lui permet d'entrer dans la pratique ou la réalité.

XXXVII

PRINCIPE LÉGISLATIF HUMAIN

La vie, indépendamment de la loi qui la régit, n'a pas sa raison d'être, car, à défaut de la loi, le désordre serait si grand en elle qu'il lui serait impossible de se succéder à elle-même.

Et, d'abord, comment concevoir l'être s'il ne dérive d'un plan spécial d'organisation qui le constitue d'une manière correcte et entièrement définie ? Et cela, d'autant plus que le grand tout des existences, formulé par l'être divin infiniment suprême, n'existe lui-même qu'en vertu d'un plan d'existence nettement déterminé. Tel est le principe primordial de la loi universelle et de la loi de tout être qui ne subsiste d'abord qu'en vertu de ce plan organique.

Un deuxième principe de la loi est celui de la direction qu'elle exerce sur le fonctionnement de toutes choses ; et, en troisième lieu, apparaît l'ordonnancement au moyen duquel elle s'impose d'une manière souveraine pour dominer toutes les situations et distribuer à tous les êtres les conditions d'existence se rapportant à leur propre avancement.

XXXVIII

LOI DES PLANS D'ORGANISATION

Tout ce qui existe dérive toujours d'un plan préconçu comme le plan de l'architecte précède l'édifice à construire. Il sagit de savoir quelles sont les conditions fondamentales de ce plan.

Celles-ci se représentent sous trois aspects qui se formulent par autant de lois distinctes, qui sont : la loi d'*analogie*, la loi de *solidarité* et la loi de *série*.

Le plan d'existence de l'être divin suprême, qui le représente comme l'archétype supérieur de tous les êtres, fait concevoir la *loi d'analogie* qui est la grande loi d'unité.

N'avons-nous pas un exemple saisissant de cette loi d'analogie, quand nous considérons le grand firmament

total, âme des âmes, se fractionnant en firmaments animiques de toutes les grandeurs graduellement décrois-
santes et faisant voir toutes ces âmes formées d'après
un modèle, un archétype unique qui est ce grand firmament total ? Cependant, les âmes correspondant aux
espèces corporelles sont différentes dans leurs aspects
également spécifiques, d'où résulte, pourrait-on dire,
l'infinie variété dans l'unité.

Mais là où cette unité se montre dans toute sa magnifique prépondérance, c'est dans la similitude des
organes appelés à la reproduction d'une même fonction
dans une multitude d'espèces différentes. Ne voyons-
nous pas, par exemple, partout où s'opère la nutrition
des solides, un même système d'organes nutritifs,
plus ou moins simplifié, il est vrai, mais constamment
le même, cependant, dans son principe primordial ?

C'est en vertu de cette loi de similitude que l'organisation humaine, dans son âme, est le reflet de l'organisation animique divine et que, malgré notre infé-
riorité si grande par rapport à l'être divin, nous possédons cependant les mêmes organes animiques qu'il
possède lui-même. D'ailleurs, on pourrait dire que cette
similitude transmise par les règnes déitaires, au règne
archangélique, puis au règne angélique, descend jusqu'à notre règne humain, lequel est ainsi également à
l'image de ces règnes et, surtout, des deux règnes supérieurs au sien, dont il possède la même organisation
corporelle.

Cette unité des formes, résultant de la loi d'analogie,
conduit à la loi de *solidarité*, loi non moins admirable,
qui fait dépendre les règnes les uns des autres dans
l'exercice de leurs fonctions réciproques, comme dans
la société humaine tous les membres de cette société
sont soumis à cette même solidarité sans laquelle, chacun devant tout créer par soi-même, serait impuissant
à subvenir à tous ses besoins. Combien donc cette loi
de réciprocité, qui est une loi d'amour, est indispensable pour créer le bien-être de chacun, comme elle

est le soutien moral et intellectuel de tous les échanges affectifs et intellectifs.

Mais la loi d'analogie et la loi de solidarité ne suffisent point pour constituer la loi générale du plan organique ; il faut, en outre, une troisième loi qui est la *loi sériaire*, ou loi de *série*.

C'est cette loi qui est le grand classificateur méthodique de tout ce qui existe, d'après des formules numérales exactes, basées sur des nombres définis. Mais ces nombres sériaires seraient insuffisants pour classer la série ; il faut, en outre, que dans les tableaux de classement des éléments en présence, il s'établisse des rapports de correspondance analogique entre les différents termes, soit dans les lignes horizontales, soit dans les lignes verticales et qu'il y ait également solidarité entre ces différents termes.

C'est cette loi admirable, ainsi constituée, qui compose réellement le plan sublime du Grand-Tout d'une manière rigoureusement scientifique et qui, par ses divisions et subdivisions successives, après avoir donné la notion première de toutes les origines, se partage ensuite en plans sériaires décroissants. Ces plans s'appliquent graduellement à tous les êtres de la nature, dont il n'est pas un seul qui ne possède le sien, se rapportant au grand plan total unique, dont chaque plan partiel est un des casiers.

— Cette loi sériaire serait, assurément, un point d'appui très important pour la science si vous pouviez démontrer qu'elle n'est pas un produit pur et simple de l'imagination qui, souvent, construit de très beaux édifices, mais qui manquant de base solide, s'écroulent un beau jour tout entiers.

— C'est précisément pour répondre à cette objection capitale que la nature s'est plue à nous donner un spécimen irréfutable de cette série générale dans l'organisme corporel humain qui est à notre portée et que nous pouvons facilement consulter. Eh bien ! si vous arrêtez vos regards sur le plan anatomique de ce corps, dont je vous ai donné, il vous en souvient, le premier tracé synthétique, vous trouverez dans ce tableau sériaire celui de tous les organismes, aussi bien celui des organismes animiques que des organismes corporels, et l'unité de laquelle il émane est si rigoureuse qu'il peut servir de modèle à une même description sériaire à l'égard des êtres de tous les autres règnes, soit inférieurs, soit supérieurs. Et, pour cela, il suffit seulement de faire intervenir les modifications très simples qui s'imposent par la différence des espèces.

XXXIX

LOIS DE DIRECTION

Les lois de *direction* viennent s'ajouter aux lois des plans organiques pour indiquer à tout ce qui subsiste d'après ces plans, la voie qui doit être suivie dans l'exercice de toutes les fonctions de la vie. Ces lois se partagent alors en *lois des phénomènes*, qui se rapportent particulièrement à la vie fonctionnante des êtres au sein de la nature; en *lois d'exécution*, qui assurent aux lois précédentes leur *infaillibilité*, leur *itérativité* constante sous l'impulsion de l'*ordre impératif* qui leur commande; et, enfin, en *lois de législation*, qui donnent le code naturel du *défendu*, du *permis* et du *prescrit*.

LX

LOIS D'ORDONNANCEMENT

Les lois *d'ordonnancement universel*, expriment le principe *régulateur* de la loi, comme la direction en est le principe *actif,* comme le plan en est le principe *passif* ; ces lois d'ordonnancement comprennent : la loi d'*autorité,* la loi de *destinée* et la loi de *progrès.*

La loi divine ne peut qu'être autoritaire afin qu'elle puisse assurer l'ordre universel qui périrait autrement en tout et partout, et même jusqu'au sein du plus humble organisme ; mais cette autorité de la loi est toujours juste et équitable et n'abuse jamais de sa toute-puissance.

La loi des destinées est celle qui régit la condition d'existence de l'être d'après son état d'avancement dans la vie et d'après sa propre valeur acquise. C'est en vertu de cette loi qu'aucun être n'est abandonné jamais par la providence protectrice qui veille sans cesse sur lui comme la plus tendre mère sur son enfant. Chacun est classé d'abord suivant la loi de *prédestination,* qui développe en lui les germes de ses aptitudes les plus saillantes. De là l'attrait qui fait éclore la *vocation* et sollicite la supériorité dans les facultés. Puis, lorsque l'être s'est distingué dans le cours de sa carrière, il reçoit les bienfaits de la loi de *promotion* à un poste plus élevé dans la vie, ce qui est la juste récompense de ses travaux.

— Comment entendez-vous l'application de cette loi de promotion qui me semble le plus souvent fautive ? Car ce ne sont pas ceux qui ont le mieux accompli leur tâche, avec le plus d'abnégation et de désintéressement, qui sont le mieux récompensés. L'homme de bien, tout au contraire, dans notre monde, ne réussit que très rarement, tandis que c'est à celui qui est peu scrupuleux, qui ne travaille que pour lui-même en pur égoïste, que la fortune est le plus favorable. Vous voyez donc que la loi que vous invoquez ne tient guère ses promesses.

— Si vous n'envisagez pour l'homme que la seule carrière terrestre qu'il parcourt sous vos regards, je pourrai vous donner raison, mais, pour demeurer dans le vrai, c'est l'ensemble de ses carrières vitales qu'il faut considérer, et alors vous vous rendrez compte de la justice divine qui, toujours, sait distribuer les compensations méritées en rendant, dans les carrières ultérieures, les bienfaits pour les souffrances noblement endurées jadis. Réciproquement, les chanceux malhonnêtes et coupables sont classés, lorsqu'ils se réincarnent dans l'humanité, en un milieu social où ils expient durement les fautes qu'ils ont commises, afin que la souffrance les épure et les corrige comme doit l'être celui qui a désobéi à la loi.

Il est une loi supérieure à toutes les autres, c'est la loi de *progrès*, qui permet à l'être de se perfectionner sans cesse et de faire progresser tout ce qu'il élabore, sous quelque forme que ce soit. Cette loi, qui sollicite toutes les perfections, est réellement la loi de salut, car si elle faisait défaut dans les sociétés humaines, l'homme ne demeurerait-il pas à tout jamais à l'état sauvage, avec ses premiers instincts féroces, sans amour, sans conscience, et sans autre intelligence qu'une intelligence toute rudimentaire?

Inclinons-nous donc devant cette loi sublime, et qu'elle soit notre culte constant, parce qu'elle est la plus haute émanation de la divinité.

La loi que nous venons de considérer ici est la loi universelle s'appliquant à tous les êtres, mais tout ce qui a été dit d'une manière générale peut s'appliquer à l'homme en particulier, et on peut le voir régi successivement par la loi de son plan organique, par la loi de direction et par la loi d'ordonnancement se rapportant spécialement à sa propre existence.

XLI

COUP D'ŒIL SUR LA CONSTITUTION DES ÊTRES DES TROIS RÈGNES INFÉRIEURS

La connaissance de l'homme animique et corporel conduit facilement à celle de l'animal, surtout quand on considère celui-ci dans la région supérieure de son règne. Il possède les mêmes principes généraux de formation que l'être humain, au contact duquel il réside. A son âme animale s'ajoute l'élément corporel également ternaire qui lui est indispensable pour subsister.

Ce qui distingue l'âme animale de l'âme humaine, c'est que tout est plus inférieur en elle et que ses facultés intellectives sont si peu développées qu'elle est incapable d'inventer quoi que ce soit, de faire aucune découverte qui puisse mettre en concurrence l'animal avec l'homme et gêner celui-ci dans sa domination sur le globe terrestre tout entier.

Cependant, l'âme de l'animal possède des facultés sensorielles souvent très développées, mais incapables de culture réelle. Chez lui, on trouve également les premiers rudiments des facultés affectives, dont quelques-unes sont même très puissantes en certaines espèces, ce qui conduit à reconnaître en elles les premières notions de la responsabilité dans les actes.

Chez tous les animaux, nous voyons un corps apparent, analogue à notre corps humain proprement dit. Mais pour que ce corps puisse se rattacher à l'âme animale, il lui faut les deux autres corps analogues à ceux que nous possédons nous-mêmes, formés successivement de matière angélique et de matière archangélique. Puis, également, ces deux corps participent au fonctionnement du troisième.

On voit des animaux, dans les espèces inférieures

de leur règne, se fractionner comme les végétaux et se reproduire de la même manière, chaque tronçon donnant lieu à un individu nouveau. Chez ces espèces, il est cependant une âme unique qui anime le corps tout entier et lui imprime l'unité de direction. Mais la nature, ayant prévu l'utilité de ces fractionnements reproducteurs, a prédisposé des âmes animales *sous-directrices* à l'état latent, qui deviendront *âme directrice unique* en chaque animal nouvellement reconstitué. Et c'est ainsi que ces fractions animales deviennent des éléments de multiplication de l'espèce, ainsi qu'on le voit principalement dans les coraux, dans les madrépores et en de nombreux types spécifiques.

Le règne végétal est constitué dans les individus qui le représentent, d'après la même loi que nous venons d'établir. Chaque individu possède d'abord une âme unique dont nous voyons le siège, dans tous les arbres, au mésophyte ou collet de l'arbre, situé entre la racine et le tronc. Mais dans chaque bourgeon, il est une âme sous-directrice à l'état latent, qui est susceptible de devenir âme directrice si le bourgeon, après avoir été détaché de la branche, est confié à la terre.

Ainsi, l'être végétal est également en possession du principe animique et du principe corporel. L'âme directrice commande au fonctionnement de la vie corporelle, mais en se mettant en rapport constant avec toutes les âmes sous-directrices qui résident dans les bourgeons.

Le règne minéral n'est pas constitué autrement que les deux règnes précédents. Jetons d'abord un regard de la pensée sur l'atome ; nous devrons voir en lui un individu qui est également animique et corporel ; et même c'est chez l'atome minéral que le corps est le plus grossier, puisque chez lui l'élément animique est encore pour ainsi dire à l'état naissant et n'est que très peu développé encore.

Quelle forme attribuer à l'être atomique? Mais la forme la plus simple, la plus rudimentaire entre toutes, la forme sphéroïdale qui est en même temps celle de tous les astres. Cette âme, donc, est une sphère comme l'âme humaine, ayant pour habitacle un corps pareillement sphérique. Mais ce corps lui-même, qui est matière, est formé d'atomes d'une insondable petitesse, ayant chacun son âme et son corps, et l'on peut concevoir ainsi que tout est âme dans l'atome comme partout ailleurs.

Or, cette âme de l'atome, indépendamment de son insondable petitesse, n'en est pas moins constituée de même que l'âme humaine, que l'âme animale, que l'âme végétale, par un petit firmament, fraction du grand firmament divin total, et participant à son fonctionnement de vie.

Si l'atome ne possédait cette vie animique en soi, il serait impuissant à produire aucune action chimique quand il compose la matière, il serait incapable d'envoyer extérieurement à lui les radiations qui donnent naissance aux fluides vitaux et qui sont une émanation expiratoire de son moi interne, ainsi que je vous l'ai exposé précédemment. Enlevez-lui cette âme, le rendant absolument inerte, vous le ramenez à son état primitif antérieur, où il n'était encore qu'un germe animique.

Quand l'atome se manifeste comme âme directrice d'une *sphérule*, élément de formation de la matière sphérulaire ou archangélique, il commande à toutes les âmes sous-directrices qu'il réunit autour de lui et qui sont représentées par autant d'atomes de même grandeur que la sienne dans cet assemblage.

Si les sphérules s'agrègent en nombre défini pour former la matière sphérulaire, il est encore une sphérule directrice, chef du groupe, qui commande et régit ce groupe tout entier. C'est encore la même loi qui se manifeste dans la matière moléculaire ou angélique, et dans la matière corpusculaire ou humaine, partout l'âme unique prédominant sur les âmes secondaires, de manière à ce que la loi soit toujours fidèlement obéie par l'âme en titre, porteur de toute responsabilité.

En chacun de ces trois règnes, l'individu animique et corporel est régi par une divité appropriée à son état de règne et à son état spécifique en ce règne ; autrement, dénué des lois indispensables à sa formation, à sa fonction et à son évolution, il serait entièrement incapable de subsister.

— La constitution que vous attribuez aux trois règnes inférieurs à l'homme, est-elle réellement en parfait accord avec cette unité sous laquelle vous la représentez? Quand nous jetons les yeux sur la nature, ne voyonsnous pas une variété en quelque sorte infinie dans les espèces, qui semble contrecarrer cette unité qui est la base fondamentale de votre système?

Dans le règne animal, tout est disparate ; et comment pouvez-vous concilier ce plan unique de formation entre le chien et l'humble ver de terre, par exemple? Dans le règne végétal, n'y a-t-il pas une différence également très grande entre un vulgaire cryptogame et un chêne? De part et d'autre, les liens vous manquent pour établir cette unité de plan dans la nature, qui est votre point d'appui.

— Ma réponse n'offre pas autant de difficultés que vous pourriez le croire. Considérez d'abord que l'homme qui est sur le globe est l'archétype des espèces. Eh bien! que sont corporellement les animaux supérieurs si ce n'est un diminutif du corps humain? Lorsque les espèces animales s'amoindrissent, elles montrent d'abord de moindres perfections dans les organes, puis des lacunes apparaissent, laissant des organes secondaires absents, tandis que les mêmes instruments demeurent communs à la même fonction, quoique plus ou moins modifiés. Ainsi le dernier des animaux n'est autre que l'homme graduellement amoindri dans son organisme.

Ou bien si vous retournez la question, vous pourrez

dire que l'animal le plus rudimentaire est un germe spécifique qui, graduellement, acquiert d'espèce en espèce des organes nouveaux, de telle sorte qu'à la suite de métamorphoses continues, celles-ci le rapprocheront de plus en plus du type corporel humain. Comment alors n'y aurait-il point unité dans les espèces de ce règne, puisqu'il y a entre elles unité de tendance pour atteindre à un même but ?

Je pourrais vous en dire tout autant des espèces végétales, dont les plus inférieures aspirent à s'élever vers les espèces supérieures de leur règne. Et comme vous avez vu les espèces inférieures animales, telles que le corail, figurer comme un végétal animal, ne voyez-vous pas l'unité de formation qui conduit le plus rudimentaire des végétaux jusqu'à l'homme ?

XLII

L'ÊTRE ASTRAL SOCIAL

Vous avez vu l'être humain, seulement dans sa vie de fonctionnement intérieur, ne subsistant encore qu'en lui-même et pour lui-même ; mais tel n'est point son seul rôle, appelé qu'il est à l'existence collective ou sociale.

Pour que l'homme puisse vivre de cette vie extérieure, il lui faut nécessairement un habitacle, un milieu spécial où il trouve réuni autour de lui toutes les conditions nécessaires à la continuité de sa carrière et susceptibles de pourvoir à la satisfaction de tous ses besoins présents et de tous ses besoins futurs, sollicités par le progrès vers lequel il aspire.

C'est pourquoi la nature a donné pour domaine à l'homme collectif l'être astral ou l'astre dont il occupe une région particulière que nous nommons le monde humain de cet astre, et qui est également le globe humain.

Or, qu'est-ce qu'un astre si ce n'est un être particulier vivant de sa vie propre et qui parcourt une même carrière, ou même une suite de carrières dont chacune a son commencement et sa fin, ainsi que tous les autres êtres que nous voyons subsister autour de nous ?

Si l'astre est un être, et on peut démontrer qu'il est un être végétal, il doit comporter en soi les principes fondamentaux appelés à le constituer sous le triple aspect corporel, animique et divitaire. Ces trois principes existent en effet dans l'être astral et ils donnent lieu à trois mondes nommés : monde humain, monde angélique et monde archangélique, dont chacun représente comme un être à part dans l'astre. Le monde humain se compose du corps ou globe habité par l'humanité qui est son âme ; il est formé tout entier par une matière corpusculaire humaine.

Le monde angélique a de même pour corps un globe ou sphère dont la matière est moléculaire ou angélique. Ce globe pénètre le premier jusqu'à son centre et le dépasse en formant une zone lointaine qui l'environne. L'âme de ce deuxième corps est constituée par une collectivité angélique.

Le monde archangélique est formé de la même manière que le précédent, par un corps ou globe de matière sphérulaire, ou archangélique, pénétrant également les deux autres globes jusqu'à leur centre et surpassant le globe angélique par une grande zone externe. Il a pour âme une collectivité archangélique. Ce troisième monde est incomplet, comme est incomplet le corps archangélique chez l'homme ; ce n'est qu'à la suite des temps qu'il s'achève et se complète.

XLIII

LE MONDE HUMAIN

Le monde humain est celui qui est le nôtre sur notre astre planétaire. Il a pour corps le globe que nous habitons et pour âme notre humanité. Puis s'ajoute une divité qui se partage en deux rayonnements, dont l'un régit le globe en particulier et l'autre régit l'humanité, ou collectivité sociale, âme de ce globe.

Comment ne pas reconnaître un corps organisé dans notre globe terrestre ? Je pourrais vous décrire en lui, aussi bien que dans le corps humain, une corporalité externe, une corporalité interne et des rudiments corporels. Mais je me contenterai de vous indiquer sommairement quelques-unes des fonctions que ce corps accomplit, *fonctions de nutrition, fonctions de circulation* analogues à celles du sang chez l'homme, *fonction respiratoire, fonctions nerveuses*, pour ne citer que les fonctions principales de ce corps, qu'il serait trop long de vous énumérer ici en entier.

Le globe se nourrit et digère ; il se nourrit dans l'atmosphère sidérale externe, dans laquelle il aspire des corpuscules impalpables qui, à la suite des temps, font croître son volume ; et il digère à sa surface en décomposant tous les détritus que reçoit la couche corticale qui lui tient lieu d'estomac.

Les ruisseaux, les rivières et les fleuves figurent le système vasculaire quand ce système entraîne ces masses liquides dans les mers, et que l'atmosphère après avoir élevé dans le ciel les vapeurs aqueuses formant les nuages, les fait retomber sous forme de pluies, qui régénèrent les sources et font ainsi couler sans fin tous les cours d'eau.

La fonction respiratoire du globe s'opère au moyen de son atmosphère, qui est son organe pulmonaire, dont le travail se propage à travers la masse terrienne pour renouveler ses provisions gazéiformes et favoriser les actions chimiques qui ne pourraient se continuer autrement. Puis, le grand courant magnétique, qui traverse le globe d'un pôle à l'autre, agit comme un réseau nerveux distribuant sa force motrice à l'intérieur.

XLIV·

L'AME HUMAINE SOCIALE

L'âme humaine collective du monde humain présente de grandes analogies avec l'âme de l'homme. Comme celle-ci, elle se compose d'une corporéité animique qui est la corporéité sociale, et d'une âme rectrice également sociale, cet ensemble recevant ses lois supérieures de la divité qui régit spécialement cette âme.

Dans la corporéité sociale, il faut voir un corps social tout entier, qui a sa corporalité externe, sa corporalité interne et ses rudiments corporels, ainsi que tous les corps.

La corporalité interne sociale, qui représente la fraction organique se rapportant à la vie végétative de la société, est celle qui s'occupe des besoins de l'existence matérielle. On voit en elle les trois ordres : *nutritif, rénovateur et moteur-vital*, aussi bien que dans le corps animique ou dans le corps humain.

L'ordre nutritif social est ici la *production*, sous la triple forme de production naturelle, agricole et industrielle, servant à approvisionner la société de tout ce qu'elle consomme pour l'alimentation de ses divers besoins. L'ordre rénovateur comprend de même ici le système sexuel social qui est la base fondamentale de la rénovation continue de l'âme sociale elle-même. Le système circulatoire social est représenté par les voies de circulation : les voies terrestres, où circulent les équipages, les trains de chemins de fer : les voies aquatiques, livrées à la navigation ; et les voies atmosphériques destinées à une navigation supérieure à la précédente, à la navigation aérienne. Le troisième système dans cet ordre est le système économique qui comprend : le commerce, le crédit et la statistique.

Dans le troisième ordre de cette corporalité interne sociale, qui est l'ordre *moteur vital*, vous verrez l'analogie de courants nerveux transmettant les dépêches, les télégrammes et établissant les communications de a pensée.

Un deuxième système, qui correspond au système ganglionnaire dans les organismes, embrasse des institutions d'intérêt général, manifestées par la *participation* ou l'impôt que chacun doit payer sous toutes ses formes, par *l'association* qui unifie les intérêts, et enfin par les *garanties sociales* destinées à parer à tous les cataclysmes sociaux.

Le troisième système, dans cet ordre, exprime le siège de l'ordonnancement systématique de tous ces divers éléments sociaux, comme le cervelet est le siège de l'âme corporelle, afin que celle-ci pourvoie à l'exercice régulier de la vie au sein des organes où elle manifeste son activité propre.

La corporalité externe sociale, plus simple que la précédente, ne comporte que deux ordres au lieu de trois : le premier ordre étant supprimé, le deuxième est représenté par l'ordre configuratif social, qui donne l'aspect extérieur de l'habitation intégrale humaine et celui de tout son domaine terrestre et aquatique à la surface de l'astre, sous le dôme du ciel qui apparaît à ses regards.

Enfin, un troisième ordre, l'ordre *sensitif moteur-recteur social* comprend spécialement le système d'éducation générale, ensuite celui du contrôle universel, et, en dernier lieu, le siège gouvernemental où réside l'âme rectrice sociale, comme l'âme rectrice humaine réside dans le cerveau humain.

Telle est, d'une manière très sommaire, l'anatomie générale du corps social, à laquelle peuvent s'ajouter les *rudiments corporels* qui la complètent.

— Cette description anatomique du corps social n'est-elle pas bien étrange ? Assimiler ce corps à celui de l'âme humaine, dont vous avez copié l'image dans le cerveau du corps humain, n'est-ce pas outrepasser les bornes de l'analogie pour ne voir partout qu'une même unité de ce plan dans la constitution universelle des existences ? Combien diront que tout cela n'est que rêverie et chimère et ne verront dans tous ces rapprochements que des jeux de l'imagination !

Cependant, si ces correspondances dans les séries que vous présentez étaient bien réelles et conformes à la logique, beaucoup réfléchiraient avant de vous contredire d'une manière absolue. Dans cette alternative, je m'abstiens, attendant qu'une étude plus approfondie de vos théories ait achevé de me convaincre, ou bien les ait renversées entièrement.

— L'anatomie du corps social ne peut être qu'une partie de l'être social tout entier, si vous vous souvenez de la constitution complète de l'âme humaine ; et même cette anatomie n'est que la base première de la corporéité sociale, comme je vous l'ai dit précédemment.

Ainsi s'ajoute au corps social *l'âme corporelle sociale*, qui donne à la corporalité interne sociale le moteur spécial qui l'anime.

Ce moteur, c'est tout ce qui concourt à faire naître les conditions de la vie matérielle, d'abord à l'aide du règne végétal et du règne animal répandus sur le globe et qui, l'un et l'autre, apportent leur animation particulière dans le grand concert de l'existence sociale quotidienne, et que l'on peut considérer comme une

double population ébauchant le premier travail prépa-
ratoire qui sera ensuite achevé par l'homme. C'est
ainsi que les plantes travaillent au sein de la terre
pour croître et nous fournir les produits qu'elles représentent, que les animaux travaillent également pour
nous dans le même but et que, parmi eux, nous trou-
vons les précieux collaborateurs de nos travaux.

Dans cette âme corporelle, on voit *l'esprit corporel
social* qui se manifeste par les travailleurs de toutes
les catégories, ayant pour but l'alimentation de l'être
social tout entier, et pour moyens d'exécution, l'application successive de toutes les formes de progrès. De
telle sorte que l'esprit corporel social est le producteur
général de tout ce qui est nécessaire aux besoins de
l'existence corporelle proprement dite.

L'âme rectrice sociale, au lieu de s'occuper de la vie
du corps, applique son activité au profit de la vie de
l'esprit, c'est-à-dire de la vie artistique, de la vie affective et de la vie intellectuelle.

Cependant, cette âme rectrice sociale a de grandes
analogies avec l'âme rectrice de l'être humain. Comme
celle-ci, elle comporte une astralité qui est une *astralité sociale*, un *esprit animique social* et des *radiations
externes sociales*.

Quand on jette les regards sur une mappemonde, ne
voit-on pas celle-ci comme constellée par les villes innombrables, auxquelles s'ajoutent les bourgades, les
villages et jusqu'aux moindres hameaux, qui représentent des habitations humaines figurant dans leur ensemble l'astralité du firmament ? On pourrait voir dans
les continents des assemblages de ces astres sociaux
dessinant des nébuleuses ; puis, les grandes capitales et
leur nombreux cortège, les constellations à divers degrés dont ces capitales sont les soleils ; puis, autour, se
trouvent classés les autres villes et habitacles de toutes grandeurs qui sont figuratifs d'autant de planètes,
et dont les plus minuscules nous représentent ce que
les astronomes appellent des astéroïdes.

Ce firmament social est fixe et immobile, il est vrai, dans tous ses astres, mais, en retour, des voies de communication de toute nature relient entre elles ses diverses unités composantes et les populations voyageuses accomplissent à leur manière ce qui est l'équivalent des révolutions sidérales, puisque communiquant les unes avec les autres, elle produisent ce que l'on peut nommer le grand mouvement social, dont les vibrations pensantes retentissent d'un hémisphère à l'autre, comme la pensée de l'âme humaine dans son cerveau.

C'est cette pensée sociale collective qui engendre l'esprit social proprement dit, se fractionnant d'abord suivant les sociétés partielles, mais pour s'unir dans l'avenir en une société unique, à l'âge de l'harmonie. Dans cet esprit social, nous allons retrouver les *courants psychiques sociaux*, les *attributs sociaux* et la *personnalité sociale*.

Que sont les courants physiques sociaux, si ce n'est la propagation de la pensée sociale elle-même par la voie des *publications*, du *journalisme* et des *œuvres de la pensée* proprement dite?

Les attributs sociaux viennent ensuite, rappelant les attributs internes de l'âme humaine ; c'est-à-dire : 1° les *réservoirs accumulateurs* qui, ici, sont représentés par les sociétés académiques, également réserves permanentes des arts, des lettres et des sciences ; 2° les capacités radiantes de l'âme, se traduisant dans l'âme sociale par les professions de tout genre qui sont réellement les capacités sociales ; 3° les facultés pensantes dans l'âme individuelle qui, dans cette même âme sociale, s'expriment par les facultés acquises dans l'humanité et qui représentent son état d'avancement dans les arts, dans la moralité et dans l'intelligence.

Si c'est sur la personnalité sociale que nous jetons les regards, nous la verrons se dessiner : 1° Dans l'exercice des *droits civils*, qui manifeste réellement *le moi-interne social*, c'est-à-dire son *sens intime* exprimant la formation des liens de la famille, les obligations résultant des engagements contractuels déterminés par les lois et la soumission au code social ; 2° Dans les municipalités représentatives du *moi intermédiaire social*, dont le propre est de chercher à faire fleurir dans chaque cité le bien général en répandant le progrès sous toutes les formes, de manière à établir les bienfaits des arts, les bienfaits de la moralité et les bienfaits de l'intelligence, appelés à concourir à la production du bien-être universel et du bonheur ; 3° Dans le *gouvernement national,* figurant le *moi-externe social* dont la mission est d'administrer la société nationale au moyen du suffrage universel, représentatif de la volonté collective de la nation. Ce suffrage universel n'est-il pas en réalité la pensée rayonnante, la pensée externe des citoyens, dictant par ses représentants la constitution républicaine progressive en rapport constant avec les besoins de l'époque, de manière à établir dans l'être gouvernemental : 1° le *sentiment du beau,* qui élève vers l'idéal social ; 2° le *sentiment moral,* se manifestant par la *volonté* invincible pour l'accomplissement du bien général, par *l'amour* inspirant tous les dévouements pour la chose publique, par la *conscience* étant pour chacun la *vérité,* la *justice* et le *devoir* ; 3° *l'intelligence* enfin, qui, sous l'impulsion fécondante de la science, doit faire éclore toutes les innovations, tous les progrès se substituant aux anciens errements et aux vieux préjugés sociaux.

C'est alors que les peuples, administrés par les plus dignes, les plus désintéressés et les plus capables, jouiront du bonheur quand il l'auront mérité eux-mêmes, devenus également meilleurs dans tous leurs membres, par l'élévation de l'âme conduisant quand il le faut au noble sacrifice de chacun pour tous et de tous pour chacun.

XLV

DIVITÉ SOCIALE

La société est libre assurément dans les actes qu'elle accomplit, puisque ces actes auraient pu ne pas être, ou bien recevoir des modifications qui auraient changé plus ou moins le cours des événements. Cependant, il ne faut point croire que les hommes soient entièrement livrés à eux-mêmes ; au-dessus d'eux il est des intelligences supérieures qui, invisibles pour eux, n'en exercent pas moins les lois nécessaires à la conservation permanente de ce qui est acquis et à la manifestation incessante du progrès social continu, sans lequel l'humanité serait impuissante à accomplir le cours de ses destinées graduellement ascendantes.

D'ailleurs, il n'est rien dans la nature qui puisse jamais se soustraire à l'action souveraine des lois divines, en l'absence desquelles le désordre régnant partout, on verrait le chaos se substituer à toute harmonie. C'est ainsi qu'à son insu, la société est régie dans sa corporéité sociale et dans son âme rectrice sociale par des influences toujours assez puissantes pour arrêter les tendances par trop retardataires qui pourraient compromettre la marche progressive de l'humanité.

Mais là où la divité se manifeste dans toute sa grandeur providentielle, c'est dans le choix qu'elle fait, aux époques voulues, des hommes qui sont appelés à apporter, soit les grandes innovations, soit les grandes découvertes susceptibles de faire progresser le bien-être matériel ; ou bien de ceux appelés les grands régénérateurs des peuples et dont la mission sublime est d'enseigner la fraternité, est d'enseigner l'amour humanitaire par l'exemple qu'ils donnent du sacrifice d'eux-mêmes, généreux martyrs des hautes vérités qu'ils proclament.

A ces immenses dévouements du cœur s'ajoutent ceux de l'intelligence, qu'une même flamme divine anime pour la découverte des grands mystères de la nature. Gloire à nos savants explorateurs qui affron tent tous les périls, tous les dangers pour apporter dans les contrées les plus lointaines, aux peuplades encore sauvages, les bienfaits d'une civilisation plus avancée que la leur. Et combien, parmi ces courageux explorateurs, perdent la vie dans les luttes qu'ils ont à soutenir contre ces populations sauvages, quand ils ne sont pas décimés par les maladies qu'ils subissent en des climats meurtriers.

Tous les progrès sociaux, sous quelque forme qu'ils apparaissent, sont le produit des intelligences d'élite qui ont été appelées par les lois divines pour les faire éclore aux heures voulues. Qu'on étudie attentivement ces éclosions des découvertes, et l'on verra qu'elles apparaissent toujours les unes à la suite des autres d'une manière méthodique, au fur et à mesure qu'elles peuvent se greffer avec succès sur les progrès antérieurs déjà acquis.

Les grandes âmes sont envoyées également aux époques solennelles de l'humanité quand sonnent les heures des régénérations, sans lesquelles la corruption morale serait destructive de tout le bien antérieur si péniblement acquis. C'est alors que grondent les orages sociaux, lorsque les abus, débordant à pleine mesure, ont révolté ceux qui les subissent et sollicité les révolutions souvent désastreuses, comme le sont les cataclysmes, mais faisant naître sur les ruines un ordre nouveau marquant de nouvelles étapes de progrès.

C'est donc la divité qui prépare l'histoire consécutive de l'humanité à laquelle elle impose les missionnaires de progrès qui, selon leur caractère connu, leurs capacités réveillées et reconstruites, donneront les impulsions demandées suivant l'état des choses, et conduiront la marche des destinées, ainsi que le veulent les grandes intelligences supérieures régulatrices, sous le regard prévoyant de la divinité.

XLVI

NATURE DE L'ÊTRE ANIMIQUE SOCIAL

La société, ou âme sociale, est constituée nécessairement par la *substance* qui la réalise et lui donne la matière, les fluides vitaux, les fluides psychiques dont elle se sert pour se manifester sous la forme qui la caractérise, en tant que société humaine.

De même, cette société a ses principes de vie. Elle doit son existence à sa formation sociale primitive, elle est sujette à la santé ou à la maladie, et elle marque une vitalité particulière indiquant sa croissance continue, croissance commune à tous les êtres.

Les *fonctions* sont également un principe vital social, et ces fonctions, quand elles sont *internes*, expriment le mouvement vital social de la vie végétative collective, de la vie matérielle sociale proprement dite ; tandis que les fonctions *externes* sont celles de la vie de relation sociale. Enfin les fonctions sociales *radiantes* se traduisent par les communications magnétiques, véhicules des idées, au fur et à mesure qu'elles éclosent, et qui font surgir les grands courants des mœurs et des manifestations des intelligences.

L'évolution sociale se traduit par la transformation continue et progressive des éléments sociaux déterminant les formes successives qu'elle revêt d'époques à époques différentes. Autrement, la société demeurerait stationnaire et se montrerait telle qu'elle était encore à l'époque de la sauvagerie primitive. La succession des générations fait voir la *carrière* sociale proprement dite, s'écouler d'une manière analogue à la carrière humaine, et je pourrais vous faire voir les grandes analogies qui existent entre ces deux carrières ayant chacune leurs âges analogues d'enfance, de jeunesse et de maturité.

Le principe législatif est inhérent à la société comme le principe vital, ainsi que vous avez pu vous en apercevoir. Comment l'être social aurait-il pu être formé dans l'origine et subsisterait-il s'il ne relevait du plan qui le dessine au moyen de la triple loi *d'analogie*, de *solidarité* et de *série* ? De même, la société est soumise à la *direction sociale*, qui applique les lois des *phénomènes sociaux*, celles qui sont *exécutives* de sa vie continue et celles qui édictent la *législation* sociale. Vient ensuite *l'ordonnancement social* qui, d'abord, se manifeste par *l'autorité sociale* nécessaire à l'action gouvernementale.

La *destinée sociale*, ensuite, est la conséquence de la manière dont s'exerce cette autorité sociale, suivant qu'elle est juste ou injuste ; mais au point de vue général, la destinée sociale relève de ses propres lois, qui sont les lois divines agissant sur l'état social tout entier, ainsi que je vous l'ai démontré précédemment, par l'intermédiaire des esprits qu'elle fait naître afin de le guider comme il doit l'être dans le parcours de sa carrière.

Enfin, le progrès social s'élève au dessus de la destinée sociale, dont il est le suprême régulateur, car cette destinée n'est-elle pas heureuse ou malheureuse d'après son état de progrès plus ou moins avancé ? C'est donc ce progrès que chacun de nous doit rechercher sans cesse, afin de voir en lui le phare lumineux vers lequel nous devons nous diriger pour arriver au port qui sera, à la suite des siècles, l'harmonie dans l'humanité. Cette harmonie naîtra, en effet, lorsque les arts auront suffisamment grandi pour inculquer à chacun le sentiment réel du beau, sans lequel il n'est pas d'élévation idéale de la pensée ; lorsque encore le niveau de la moralité se sera suffisamment élevé pour que toutes les volontés, devenues des volontés normales, n'accomplis-

sent plus que le bien, pour que l'amour universel règne sans partage, que la conscience soit pure de toute
souillure et que l'intelligence, agrandie par la culture
de *l'entendement*, de *l'idée* et de la *réflexion*, donne à
chacun la véritable supériorité qui fait la grandeur de
l'esprit et la souveraineté de la pensée.

   — J'ajouterai à ce que j'ai dit précédemment sur
l'anatomie du corps social, que vos comparaisons sont
bien un peu hasardées, quand vous faites de la société humaine l'âme du globe terrestre. Ne croyez-vous pas
que ce globe puisse vivre indépendamment de notre
humanité?

   — Oui, assurément, mais avant que notre monde
fût un monde humain, quand il ne possédait encore
que l'animalité, il n'était qu'un monde animal; comme,
précédemment, il avait été un monde végétal avant
l'apparition des animaux, et d'une manière plus antérieure encore, il commença par être un monde simplement minéral.

Mais, il vous en souvient, tous les êtres, tous les règnes rayonnent extérieurement à eux, et les radiations
du règne minéral, du règne végétal, du règne animal,
du règne humain exercent des fonctions motrices au
moyen des fluides vitaux et psychiques composant ces
radiations qui, vous devez bien l'admettre, se répandent comme une auréole autour de chaque être et pénètrent, pour une partie, jusqu'au plus profond du
globe. Or, ces ondulations vibratoires ont leur emploi,
il n'en faut pas douter; et cet emploi quel est-il, si ce
n'est de vivifier tout ce corps astral constamment
ébranlé par ces fluides, comme est ébranlé de la même
manière le cerveau de l'âme par de semblables radiations sociales. Seulement, le globe marque des qualités
vibratoires fonctionnantes de plus en plus riches
quand, aux vibrations minérales primitives, il ajoute
successivement celles des autres règnes.

Ces masses radiantes ainsi formées, ayant une action

motrice comme tous les fluides, rien ne s'oppose donc à ce que, utilisées par la nature, elles n'exercent une action constante dans l'organisme du globe dont elles sont ainsi les agents de fonctionnement intérieur.

Mais du moment où vous pouvez admettre la production de ces phénomènes au sein du corps terrestre de l'astre, et que d'autres phénomènes, plus faciles à percevoir encore, se montrent comme susceptibles de former l'esprit social, dont je vous ai donné la description, rien ne s'oppose à ce que vous puissiez considérer l'âme sociale tout entière sous un aspect analogue à celui d'une âme humaine.

— Les raisons que vous venez de me donner demandent à être creusées profondément, mais je ne puis disconvenir qu'elles ne soient conformes au sens commun.

XLVII

DU MONDE HUMAIN-ANGÉLIQUE ET ANGÉLIQUE-HUMAIN DE L'ASTRE TERRESTRE

Ici nous entrons dans le premier domaine de l'invisible, puisque la matière qui compose le deuxième monde est une matière qui échappe entièrement à nos sens, en raison de son extrême ténuité moléculaire. D'ailleurs, notre matière aériforme, ou gazéiforme, qui cependant est formée par des corpuscules plus saisissables, n'en est pas moins invisible à nos regards ; pourquoi ne pas admettre qu'au de-là de ces ténuités il puisse y en avoir de plus grandes ?

C'est cette matière nouvelle, que je vous ai présentée sous le nom de matière angélique, laquelle compose notre deuxième corps, qui est précisément celle qui sert à la formation de tout un monde et de tous les organismes corporels des êtres qui l'habitent.

Lorsqu'au sortir de la vie terrestre, nous nous dépouillons de notre corps humain et qu'est mis à nu le deuxième corps, le corps humain-angélique, il est certain que nous ne pouvons plus être visibles aux regards humains dont les organes visuels sont construits avec la matière corpusculaire humaine. Mais, à ce moment, nous voyons notre nouveau corps au moyen de la matière moléculaire angélique composante des organes de notre vue en cette vie nouvelle.

— Tout cela est très beau, mais entièrement hypothétique, puisque vous ne le voyez pas ; ce que je vous demande, ce sont des preuves convaincantes des réalités que vous voulez me donner comme telles.

— N'avez-vous pas accepté, après démonstration, que l'âme humaine une fois créée ne pouvait disparaître en tant que substance animique, partie intégrante de la grande âme de Dieu, ainsi d'ailleurs que le reconnaît la science, d'après cette formule que rien ne se crée de rien et que rien ne peut être anéanti ?

Or, donc, si vous reconnaissez que la matière constituante de votre âme est indestructible, il faut bien qu'après la mort corporelle, cette âme se trouve localisée quelque part. Quoi de plus simple alors qu'elle persiste dans la vie et qu'elle continue sa carrière d'âme sous une autre forme que la carrière humaine?

— Il me semble que vous éludez cependant une hypothèse très accréditée aujourd'hui, c'est la dissémination des éléments matériels de l'être après l'extinction de la vie humaine. Pourquoi donc les particules de notre âme n'auraient-elles pas le même sort que les particules corporelles et ne se disperseraient-elles pas de même à tous les vents?

— Admettons pour le moment que la matière de l'âme se dissolve comme celle du corps : qu'arriverait-il, si ce n'est que celle-ci se réduirait en ses premiers atomes constituants. Mais chaque atome, vous l'avez reconnu, est lui-même une âme possédant le firmament particulier déterminatif de sa propre vie. Vous me direz alors que chacun de ces atomes animiques éprouvera le même sort pour se décomposer de la même manière dans sa matière, qui elle-même, n'est autre chose qu'une somme considérable d'atomes animiques similaires, quoique d'une grandeur immensément réduite. Néanmoins, nous pourrons toujours opérer de la même manière sur tous les atomes animiques, qui apparaîtront ainsi de plus en plus petits, sans que pour cela le dernier d'entre eux puisse être jamais anéanti, mais seulement divisé dans ses parties, dont les plus petites possibles seront encore des âmes firmamentaires.

Seulement, ces fractionnements ne s'opèrent que sur place et n'existent que dans notre imagination, parce que la nature s'oppose à la dissémination des éléments constituants de chaque personnalité, puisque chacune est porteur d'une certaine somme de progrès acquis et que l'anéantissement successif de ces personnalités ne serait autre chose que l'anéantissement de tous les progrès antérieurement accumulés, ce qui ne peut être, car ce serait souverainement injuste. Et, en même temps, les lois qui seraient ainsi destructives de tout bien ne seraient-elles pas entièrement inintelligentes?

Ainsi donc, la personnalité de l'âme demeure inamovible, quoique susceptible de croître sans cesse dans sa substance, ce qui est le contraire de sa dissémination atomique. Et d'ailleurs, cette croissance répond à la loi de progrès, à la loi souverainement intelligente qui est la loi de toutes les unifications, de toutes les élévations conduisant sans fin vers les suprêmes grandeurs, tandis que la loi des fractionnements, des divisions sans limites serait celles de toutes les déchéances.

— Votre raisonnement me paraît juste et vous me conduisez à reconnaître que le progrès n'étant que le produit d'adjonctions continues d'éléments de plus en plus perfectionnés, il s'en suit que le contraire de ce progrès, c'est le dépouillement continu de ce qui était agrégé, et avec ce dépouillement, la dissémination de toutes valeurs qualitatives acquises ; ce qui, en effet, serait destructif du grand mouvement ascendant des perfectibilités, dont je ne puis nier l'existence.

— Si vous admettez maintenant la sur-existence de l'âme après sa disjonction d'avec le corps humain, il est certain que celle-ci réside quelque part, bien qu'elle vous demeure invisible, et comme rien n'est livré à l'imprévu dans la nature, il y a un milieu spécial prédisposé dans l'astre, un monde particulier pour recevoir ceux qui ont achevé leur carrière humaine. De là, donc, l'origine nécessaire du deuxième monde qui nous occupe.

Et, de plus, comme l'âme humaine, ainsi que je vous l'ai exposé lors de nos premiers entretiens, est encore impuissante à vivre privée de tout corps, elle revêt un organisme corporel qui lui est nécessaire pour vivre dans ce nouveau milieu, lequel précisément se trouve formé des mêmes éléments matériels.

Maintenant, nous allons jeter un regard sur ce monde diaphane qu'il faut voir tout d'abord partagé en deux résidences générales, l'une qui est la résidence humaine angélique, l'autre qui est la résidence angélique-humaine, la première étant le réceptacle des êtres les plus incomplets dans le règne angélique, dont ils composent la partie la plus infime et la moins perfectionnée, et la seconde marquant au contraire les groupements des êtres supérieurs ayant acquis la somme de progrès voulu pour être admis dans ces hautes régions de l'existence. Et de plus, dans chacune de ces deux grandes fractions du monde angélique-humain, il y a trois grandes séparations nécessaires pour classer de part et d'autre les êtres qui les habitent, en raison de leur valeur qualitative constituante.

Avant tout, il faut jeter un rapide regard sur le monde angélique de l'astre qui d'ailleurs, est formé d'une manière analogue au globe visible que nous avons nommé le globe humain. Comme celui-ci, je vous l'ai dit précédemment, il se compose d'une sphère surpassant à une lointaine distance notre atmosphère, lui-même ayant son atmosphère particulière environnante. La constitution organique de notre globe donne d'une manière approximative celle de ce deuxième corps astral.

La matière dont ce globe se compose, et dont vous connaissez la grande ténuité, lui permettant de pénétrer toutes les profondeurs du globe terrestre, forme d'abord à partir d'un centre qui est commun à ces deux globes, une zone spéciale, la zone humaine angélique qui s'élève au-delà de notre atmosphère jusqu'à la limite où commence la zone *angélique-humaine*.

Dans cette première zone réside une population qui est complémentaire de notre population humaine, car elle en émane. C'est pourquoi l'humanité angélique qu'elle compose ne vaut guère mieux que notre humanité terrestre, puisque ce sont des humains qui, après la mort corporelle, se rendent en ce séjour.

Cette zone n'a rien de commun avec la zone angélique proprement dite : elle donne l'aspect d'une nature uniforme qui, par elle-même, est semblable à un vaste désert. Comme compensation, les êtres qui résident en ces milieux ont pour domaine facultatif notre globe, ils peuvent jouir de notre nature, de nos habitations, de nos réunions ; et combien, à notre insu, séjournent souvent au milieu de nous, attirés par les liens affectueux qu'ils nous conservent.

Cependant ce séjour n'est pas sans partage ; il se divise en trois zones secondaires destinées à trois catégories de valeurs différentes parmi l'humanité angélique. Ces séparations sont nécessaires là où il n'est point de demeures où l'on puisse facilement s'isoler dans la vie privée et où il arriverait souvent que des âmes supérieures auraient à subir le repoussant contact d'âmes dégradées.

D'ailleurs, ces zones séparatives ne sont réellement qu'imaginaires, car ce qui autorise l'humain angélique à habiter telle ou telle région, c'est la densité de son propre individu qui lui permettra de s'élever plus ou moins haut en raison de sa valeur réelle.

Dans la zone la plus inférieure se trouvent les criminels, les malfaiteurs, les vicieux dégradés par les débauches honteuses. Mais cette zone descend jusqu'au centre du globe ; c'est pourquoi on voit dans ces régions profondes séjourner les plus coupables, entraînés par leur propre poids, d'après la grossièreté de leur deuxième enveloppe corporelle, impuissante à se maintenir à la surface de notre globe et cédant aux lois de la pesanteur de la matière angélique qui sont ici analogues aux nôtres.

C'est dans ces tristes milieux d'expiation que séjournent les âmes les plus perverses emprisonnées dans l'obscurité de leur conscience, face à face avec le poignant remords surexcité par la vision permanente des crimes commis, vision qui leur retrace les lieux où ces crimes ont été perpétrés et les images de leurs victimes sanglantes ou défigurées, dont la présence est le constant reproche de leurs forfaits.

Tant que l'âme conserve toute sa perversité, elle demeure dans ces bas-fonds aux prises avec elle-même et ne peut remonter vers la surface terrestre qu'autant qu'elle est devenue moins alourdie par un commencement de repentir, et alors il lui est permis de quitter peu à peu ces régions de douleur.

La souffrance endurée est poignante à dessein, afin qu'elle amène le remords de la faute ; et, cependant, combien de ces âmes endurcies reviennent sur la terre, non encore guéries du mal profond qui les étreint et les ronge, puisqu'elles y commettent de nouveaux forfaits et ne reviennent à des sentiments meilleurs qu'à la longue, après avoir subi encore de non moins grandes tortures sous l'horreur desquelles elles s'avouent définitivement vaincues.

Mais pour améliorer de telles âmes, les luttes de la vie terrestre sont nécessaires ; il leur faut les maladies aiguës, les privations de la faim, les douleurs morales agissant comme le soc de la charrue qui dé-

chire la terre avant qu'on y jette la semence devant
donner par la suite l'abondante moisson !!!

Les humains angéliques moins tarés que les précédents, mais encore endurcis dans le vice et la perdi-
tion, séjournent dans notre domaine social sans pouvoir s'élever beaucoup au-delà. Leur vie n'est pas sans
souffrance, cependant, le souvenir incessant de leurs
mauvaises actions et celles qu'ils commettent encore,
empoisonnent plus ou moins leur existence qui ne
s'adoucira que par le repentir.

Dans la zone moyenne, ou intermédiaire, on voit
encore, à la base de cette région, des âmes indélicates,
vindicatives, plus portées vers le mal que vers le
bien ; les esprits légers sans consistance ne comprenant que le plaisir sans avoir souci du devoir. Viennent ensuite les âmes indifférentes pour le bien comme
pour le mal, âmes paresseuses qui ont besoin d'être
stimulées pour sortir de la léthargie morale. Mais, au
dessus de celles-ci, il en est qui comprennent, malgré
leurs fautes nombreuses encore, la voie qu'elles doivent suivre pour arriver à un état meilleur ; et un très
grand nombre d'entre elles n'est pas sans posséder
déjà des qualités sérieuses et réelles. Aussi le bonheur
n'est-il pas exempt de ce milieu pour ceux qui sont ar-
rivés à vouloir accomplir le bien dont ils font déjà leur
véritable idéal.

En cette zone, comme dans la précédente, ce sont
les valeurs animiques qui se classent d'elles-mêmes et
qui précisent à chacune, selon sa densité propre, la
région plus ou moins élevée qu'elle peut occuper dans
le séjour qui lui est attribué.

Les habitants de la troisième zone dans l'humanité
angélique, comportent, échelonnés à des degrés divers,
les esprits supérieurs qui ont vécu sur la terre et qui
pour la plupart sont destinés à y revivre encore, leurs
perfections acquises n'étant point assez grandes pour
s'élever plus haut. Mais combien d'âmes aux sentiments généreux, combien de hautes intelligences déjà

profondément élaborées habitent ce séjour voisin de la troisième zone angélique humaine, là où commence le monde de l'ange proprement dit.

Le bonheur est déjà le partage de toute cette zone supérieure, où la nature moins ingrate donne ses premiers sourires. Là, relativement, ne vivent que des esprits d'élite heureux de se rencontrer, de partager les mêmes travaux que sollicite leur intelligence. Leurs aspirations vers le progrès sont les aliments de leur activité incessante, et quand les plus perfectionnés d'entre eux ont acquis tout ce qu'il faut pour leur permettre leur élévation dans le réel séjour de l'ange, ils y sont admis par le seul fait de leur propre ascension morale et intellectuelle.

La grande zone principale qui constitue le monde de l'ange humain, compose réellement un monde à part dont la nature, quoique formée par le triple règne minéral, végétal et animal, ne ressemble guère à la nôtre, en raison de la grande ténuité de sa matière.

Qu'on se figure une atmosphère transparente occupée tout entière par des nuages solides qui sont comme autant de régions habitables, et on aura un aspect de cette nature grandiose dessinant des sites infiniment variés et se prêtant à toutes les combinaisons les plus idéales.

Cette grande zone, comme la précédente, se partage en trois autres zones secondaires : la plus inférieure est celle qui reçoit les humains-angéliques de la région supérieure, dont je vous ai parlé précédemment; lorsque ces êtres ont été reconnus dignes d'entrer dans cette nouvelle région d'existence.

Assurément, les nouveaux venus sont ignorants de tout ce qu'ils ont à accomplir au sein de ce monde, pour eux inconnu, où ils ont tout à apprendre. C'est pourquoi ils se fussent trouvés dépaysés dans la zone moyenne angélique-humaine, trop perfectionnée encore pour leur état d'avancement, et à plus forte raison ils

eussent été incapables de subsister dans la première
zone, dans la zone angélique-humaine supérieure, où
d'ailleurs ils n'auraient pu s'élever de prime abord, non
plus que dans la zone moyenne. De là, la nécessité de
ces trois zones échelonnées pour permettre à chacun de
pouvoir s'élever graduellement par le travail, d'étapes
en étapes continues.

En ce séjour, ou pour mieux dire, en chacune de ces
trois résidences, subsiste une société merveilleusement
organisée au sein d'une nature luxuriante dont la richesse
dépasse toutes les conceptions de notre imagination humaine. Des villes au sein desquelles se cultivent l'industrie, les arts, les lettres, les sciences, sont les réceptacles d'admirables populations chez lesquelles apparaît
la beauté qui serait pour nous l'idéal, et unies à cette
beauté, les qualités morales supérieures qui sont les
dominantes des êtres de ce règne.

Et, en effet, tandis que l'homme s'adonne plus spécialement à l'industrie si nécessaire à la satisfaction des
besoins incessants de la vie matérielle, et qu'il donne
aux arts une grande partie de ses labeurs, surtout
quand il vit dans un milieu social où règne le progrès,
l'ange, au contraire, dont les exigences de la vie végétative sont moins impérieuses, s'adonne spécialement
aux jouissances de la vie morale, bien qu'il soit plus
profondément artiste que l'homme dont il a accumulé
tout le savoir, et qu'il cultive également avec une
grande attraction ses facultés intellectuelles.

Chez lui donc, ce sont les facultés morales qui sont
prédominantes, et celles-ci se développent graduellement suivant les trois régions sociales de ce monde :
dans la première, c'est la *volonté* qui s'élabore le mieux,
dans la deuxième, c'est l'*amour universel*, dans la troisième c'est la *conscience*.

Mais partout, en ce triple milieu, règne une solidarité touchante parmi tous les membres sociaux, ceux-ci
ne formant à chaque zone qu'une seule famille collective
unie par les plus doux liens d'une admirable fraternité.

Comment d'ailleurs pourrait-il en être autrement puisque toutes les âmes qui vivent en ces séjours se sont élaborées d'abord dans l'humanité pour y acquérir les grandes vertus issues de tous les désintéressements, de tous les grands sacrifices et d'un grand amour pour les faibles et les déshérités.

Parvenues dans ce monde nouveau, elles avaient apporté avec elles les belles aptitudes pour la vérité, pour la loyauté à toute épreuve, et comme la constitution de l'être angélique est telle qu'il lit comme à livre ouvert dans l'âme de ses semblables, et que rien ne peut demeurer caché au sein de la pensée, de telles propriétés animiques s'opposent nécessairement à toutes les hypocrisies, à toutes les arrières-pensées coupables qui, aussitôt, sont réprimées par le sentiment de dignité qui réside en chacun.

Non seulement les anges-humains s'aiment d'un grand amour réciproque, mais ils donnent une partie de cet amour à l'humanité à laquelle ils se dévouent souvent en venant se réincarner dans son sein pour lui enseigner sa route progressive dans les arts, dans les lettres, dans les sciences. Par dessus tout, ils viennent aux heures solennelles où de sublimes sacrifices sont nécessaires pour sauver de grandes situations et faire progresser l'humanité.

L'histoire ne nous montre-t-elle pas Jeanne d'Arc, cette grande inspirée, comme un de ces anges envoyés d'en haut pour sauver la France en péril? Les grands réformateurs, les grands martyrs qui également ont affronté les flammes du bûcher ou la hache du bourreau pour proclamer les idées de progrès, ces grandes âmes étaient des âmes angéliques qui se sont sacrifiées généreusement, connaissant à l'avance le sort qui les attendait.

L'*humanité-angélique* reçoit également un puissant concours permanent des anges humains qui la réconfortent, la conseillent, lui donnent de grands enseignements et la guident de toute manière afin de la faire progresser et de l'élever graduellement jusqu'à eux.

Le monde humain-angélique dans l'astre, comme le corps humain-angélique dans l'homme, remplit un rôle important au bénéfice du fonctionnement du globe humain-terrestre, et ce rôle est d'autant plus remarquable qu'il s'accomplit par l'intermédiaire d'intelligences angéliques-humaines supérieures, qui sont les conducteurs d'une grande partie des phénomènes de sa, vie continue.

XLVIII

DU MONDE ARCHANGÉLIQUE HUMAIN DE L'ASTRE TERRESTRE

Il y a une très grande analogie entre le monde archangélique et le monde angélique de l'astre, d'autant plus que ces deux mondes proviennent l'un et l'autre de types de matière qui ont entre eux une très grande parenté.

Le globe archangélique, encore incomplet comme le corps archangélique chez l'homme, ne s'achèvera que plus tard. Mais tel qu'il est, il rend de grands services à l'astre tout entier, au moyen de la population archangélique qui réside en lui.

Celle-ci accomplit ce que ne peut faire la population angélique-humaine, parce que l'archange, d'un règne plus élevé que l'ange, jouit de prérogatives animiques et corporelles qui sont la conséquence de sa nature supérieure, chez laquelle prédomine l'intelligence.

Ce monde, bien qu'inachevé, présente tel qu'il est de grandes perfections que ne peut atteindre le monde angélique, et cela en raison de la constitution de sa matière sphérulaire incomparablement plus pure et plus impalpable que la matière moléculaire angélique.

Pour comprendre la vie de l'archange et les sublimes beautés de son séjour, ce serait dans les astres particuliers qui sont ses résidences normales, qu'il faudrait les étudier. Là, on verrait son admirable nature surpassant toutes les merveilles des mondes de l'ange, le progrès ne se lassant jamais d'ajouter sans cesse perfections à perfections.

Là, encore, il est des sociétés où paraissent dans toutes leurs splendeurs, l'industrie, les arts, les lettres, les sciences. Mais ce qui prédomine en ces milieux, c'est l'intelligence qui règne par le savoir et les connaissances transcendantes et qui fait de l'être archangélique le plus parfait de tous les êtres corporels, c'est-à-dire doués d'une corporéité s'ajoutant à l'âme.

XLIX

LES MONDES DÉITAIRES

Pour compléter cette étude, je vous dirai quelques mots seulement des mondes déitaires. Ces mondes, ou astres de même nom, car ceux-ci ne comportent qu'un seul monde, (comme déjà le font les mondes archangéliques), sont les réceptacles des trois règnes supérieurs dont la mission est d'appliquer les lois divines au sein de tous les autres astres et de tous les règnes ; et en l'absence de ces collaborateurs de la divinité, aucune de ces lois ne serait agissante, et dès lors toute vie s'éteindrait sans retour.

De là l'utilité indispensable de ces règnes grandioses dont nous ne pouvons concevoir par la pensée les hautes perfections transcendantes.

Comme la loi d'analogie, ou d'unité, se manifeste partout, ces règnes, au nombre de trois, correspondent terme à terme aux trois règnes précédents, comme correspondent également de monde à monde leurs résidences réciproques.

Ainsi, l'être déitaire-humain correspond à l'homme

et habite le monde déitaire-humain ; l'être déitaire-
angélique, l'analogue de l'ange, réside dans le monde
déitaire-angélique, et enfin l'être déitaire-archangélique, prototype de l'archange, a pour habitacle le
monde déitaire-archangélique.

Ce qui distingue encore ces règnes et ces mondes les
uns des autres, c'est leur matière constituante qui est
consécutivement *corpusculaire, moléculaire* et *sphérulaire,* comme chez l'homme, l'ange et l'archange,
mais constituée d'une toute autre manière, marquant
des ténuités bien plus insondables encore et se trouvant régie par des lois toutes spéciales.

Puis, les êtres de ces trois règnes, entièrement in-
corporels, se suffisant avec leur âme dans sa superbe
nudité, n'ont besoin d'aucuns membres corporels
pour accomplir leurs merveilleux travaux; leurs radiations puissantes leur tiennent lieu de ces membres et
par leur intermédiaire ils accomplissent toutes les
merveilles de l'art le plus pur et le plus idéal.

Les plus grands par la pensée, ils sont les littéra-
teurs, ils sont les savants suprêmes, recevant de la divinité avec laquelle ils sont en communication constante, les enseignements qui ne pourraient leur être
transmis de nulle part ailleurs.

C'est pourquoi, leurs connaissances ayant l'infaillibilité divine, les lois qu'ils appliquent sont toujours absolument certaines dans leur vérité scientifique et sont
ainsi à l'abri de toute erreur.

Si le premier objectif de l'homme est son élévation
au règne angélique à tous ses degrés, cet objectif
une fois qu'il a été atteint lui montre devant lui le règne de l'archange, également avec ses stations ascendantes. Mais le progrès ne s'arrêtant point à l'archange,
celui qui réside en ce règne, à la suite des temps et
d'immenses perfections acquises, deviendra déitaire-
humain, puis déitaire-angélique, puis déitaire-archangélique, se rapprochant ainsi de plus en plus de la
divinité.

Et enfin, comme le progrès qualitatif entraîne avec soi le progrès quantitatif, l'âme déitaire s'agrandit par la croissance continue, gagnant des perfections toujours nouvelles qui la conduisent sans fin vers les altitudes sans limites de l'infiniment grand.

Pour terminer le cours de cette longue démonstration, j'ajouterai que telle est la destinée de l'homme, même le plus infime d'ici-bas, de s'élever graduellement à toutes les hauteurs de l'existence, l'homme n'étant encore que l'enfant animique, enfant rebelle le plus souvent dans son jeune âge, mais que Dieu, qui est un père, sait toujours redresser d'une manière infaillible.

Ainsi, le plus mauvais n'est profondément méchant que parce qu'il lui manque le savoir moral, n'ayant pas encore accompli suffisamment le travail de ses facultés affectives, celui de la volonté normale, celui de l'amour universel, celui de la conscience. Et s'il ajoute à ce travail affectif celui de l'intelligence, il se grandit peu à peu sous toutes les formes, et par ses mérites gravissant d'un pas ferme la série des règnes de plus en plus perfectionnés, il sait également atteindre à tous les bonheurs, jusqu'à ce qu'il sache s'élever au bonheur sans égal, qui le conduit à vivre de la vie divine, dans la suprême félicité.

L

RÉSUMÉ ET CONCLUSION

J'avais cessé de parler : mon ami gardait le silence et, cependant. j'étais dans l'attente de nombreuses objections qu'il me réservait sans doute afin de combattre ce que mes dernières démonstrations pouvaient avoir de. trop idéal pour son caractère éminemment positif. Mais ce fut en vain que j'attendis la controverse à laquelle je voulais me préparer.

Il me serra très fortement la main en me disant : « A bientôt. »

De longs jours se passèrent sans qu'il revînt me voir et je crus même que nos discussions, bien que très calmes, ayant pu l'aigrir, il avait renoncé à s'occuper de ces idées philosophiques, lorsqu'un soir il entra dans mon cabinet d'un air grave et souriant tout à la fois.

— Vous avez cru, me dit-il, que je vous avais oublié pendant tous ces jours d'absence ; détrompez-vous, j'ai au contraire vécu de toutes vos idées, je les ai fait passer et repasser dans mon cerveau pour les contrôler de la première jusqu'à la dernière, afin de pouvoir vous dire tout le fond de ma pensée.

— Votre pensée, je la devine, elle est sans doute à peu près ce qu'elle était au premier jour, c'est-à-dire sceptique et toujours médiocrement convaincue de l'existence de l'invisible.

— Eh bien, c'est le contraire qu'il faudrait dire, car maintenant je pense entièrement comme vous, et si j'accepte les démonstrations que vous m'avez données, c'est parce qu'elles forment entre elles un seul ensemble dont toutes les parties me paraissent être en parfait accord, c'est-à-dire sans contradiction qui porte atteinte aux bases de votre édifice et le fasse crouler, comme souvent j'ai essayé, mais en vain, de le faire.

Je croyais d'abord uniquement à la matière inerte et sans vie, l'esprit n'était pour moi que la conséquence de mouvements moléculaires, ainsi que nous le disent les savants. Vous m'avez enseigné la substance, vous m'avez enseigné l'esprit en proclamant cette grande vérité que tout est être, que *tout est âme dans la nature*, depuis le minéral jusqu'à Dieu. Et l'âme étant substance, et l'âme étant esprit, se montre comme la cause première et dernière de tout ce qui existe.

J'ai nié Dieu comme j'ai nié l'âme, et vous m'avez fait voir ce Dieu invisible, rendu visible dans le firmament infini. De son âme firmamentaire j'ai vu jaillir les âmes de tous les êtres, c'est-à-dire autant de firmaments partiels issus du grand firmament total, et toutes ces âmes douées de l'immortalité de Dieu lui-même, dont elles sont les parties intégrantes à jamais indestructibles.

L'âme humaine, vous me l'avez décrite dans son anatomie, modèle de l'anatomie du cerveau corporel, humain, comme elle-même elle est le reflet des âmes supérieures et de l'âme divine suprême ; et cela parce que vous l'avez rendue saisissable et tangible dans la substance que vous lui avez attribuée.

En cette âme, après l'avoir montrée corporelle, vous avez fait voir une autre âme secondaire, dite *âme corporelle animique*, pour animer la *corporalité interne*, instrument de sa vie végétative, afin de laisser à l'âme véritable, à *l'âme rectrice* le travail de la pensée entièrement libre de ses manifestations.

Vous m'avez fait comprendre qu'il ne suffisait point à l'âme d'avoir une corporéité, instrument mécanique de la pensée, si cette pensée n'était pas substantiellement représentée par les fluides psychiques qui la composent. Ces fluides pensants, vous les faites voir comme provenant de sociétés issues de tous les astres du firmament de cette âme, ou pour mieux dire, de tous les êtres vivant en ces astres et composant successivement la pensée *inconsciente*, par les collectivités minérales ; la pensée *automatique*, par les collectivités végétales ; la pensée *instinctive* par les collectivités animales ; la pensée *consciente*, par les collectivités humaines.

Ces fluides, je les vois maintenant composer *l'esprit* dans l'âme humaine, cet esprit qui est formé par les *courants psychiques*, par les attributs *internes*, par la *personnalité*.

Dans les courants psychiques, vous avez démontré l'existence de ceux qui sont encore *impersonnels* dans le trajet qu'ils font à partir des astres où ils prennent naissance dans les sociétés, jusqu'à ce qu'ils aient abouti aux *reservoirs accumulateurs* des circonvolutions cérébrales, où ils reçoivent les manipulations préparatoires qui les convertissent en *courants personnels.* Après cette conversion, ils deviennent réellement des courants *d'assimilation* entièrement possédés par la personnalité animique qui, alors, en fait des courants de *fonction* se répandant dans tous les organes qu'ils mettent à l'état de vibration pensante. Puis, ces mêmes fluides, après avoir accompli leur action fonctionnante, forment les courants de retour remontant vers la source primitive, c'est-à-dire au sein des astres, au sein des sociétés, au sein des êtres des différents règnes qu'ils fécondent, donnant ainsi l'image de la circulation sanguine dans le corps humain.

Dans les *attributs internes*, vous avez fait voir trois formes organiques fluidiques différentes concourant à la formation de la pensée :

D'abord, ce sont les *réservoirs accumulateurs* dont les anatomistes ne peuvent nier l'existence ; le *moi* vient s'alimenter de fluides en ces réservoirs inépuisables renouvelés par les *courants psychiques impersonnels.* En deuxième lieu, apparaissent les *capacités radiantes* dont les courants fonctionnent à l'intérieur, seulement dans le centre psychique, en chaque organe particulier de faculté sous l'influence du moi central ; c'est-à-dire dans le trajet compris entre ces organes des facultés et le moi (voir fig. 2, page 27.)

En troisième lieu, viennent les facultés pensantes proprement dites, représentées par les organes ou instruments les configurant et leur donnant leur manière d'être particulière sous l'influence des fluides qui les animent.

Ai-je bien compris, oui je le crois, le mécanisme du triple *moi-interne, intermediaire et externe* ? Quand une faculté doit agir, le moi interne, au moyen de son *aspiration* pulmonaire, puise dans les réservoirs accumulateurs un supplément de fluides qu'il refoule ensuite par *expiration* dans les organes des facultés qu'il veut mettre à l'état de vibration.

N'est-ce pas ce qui arrive quand le musicien qui joue d'un instrument à vent forme le souffle par aspirations dans l'atmosphère, son grand *réservoir accumulateur*, pour refouler ensuite ce souffle dans son instrument, organe de sa faculté musicale?

Lorsque ce travail vibratoire s'est accompli dans l'organe de la faculté, un courant psychique de retour revient de cette faculté au moi intermédiaire fluidique pour s'y combiner dans les divers *miroirs réflecteurs* où se trouvent photographiées toutes les valeurs qualitatives des facultés pensantes, et c'est là, en effet, que se produit la pensée avec ses nuances les plus diverses.

Enfin, ce fonctionnement accompli, le courant de retour se prolonge du *moi intermédiaire* jusqu'au *moi-interne* où le sens intime contrôle l'acte pensant tel qu'il a été produit.

Pour compléter cette action pensante, vous avez fait voir qu'elle était transmise extérieurement à l'âme par le *moi-externe*, essentiellement radiateur, qui est le véhicule de la pensée et la distribue dans le milieu social.

L'être animique tel que vous l'avez décrit, est impuissant, il est vrai, à se régir lui-même dans le mécanisme de sa propre vie. Comment pourrait-il régler le mouvement astronomique si régulier de son propre firmament ? Comment aurait-il la science voulue pour donner à chacun de ses astres les lois nécessaires à leur existence continue, et comment enfin tous ces rouages de l'action pensante pourraient-ils se mouvoir indépendamment de la grande intelligence supérieure que vous faites intervenir d'une manière tangible sous l'aspect de la *divité* ?

L'âme humaine trop faible, trop incomplète encore pour vivre par elle-même, est munie d'un triple corps qui est successivement : le *corps humain*, proprement dit, le *corps humain-angélique* et le *corps humain-archangélique*.

Trop grossier dans sa matière pour pouvoir communiquer avec l'âme, il faut au corps humain un intermédiaire qui est le corps humain-angélique, lequel trop matériel encore, a besoin d'un lien spécial qui l'unisse à l'âme, et ce lien c'est le corps humain-archangélique dont la grande ténuité le rapproche le plus du corps animique. Et, de plus, le corps humain angélique apporte son concours au corps humain en ajoutant son fonctionnement à celui de ce corps,

Cet ensemble compose l'être corporel sur lequel je n'ai point à m'arrêter si ce n'est pour reconnaître que par lui-même il est doué des trois principes corporel, animique et divitaire inhérents à toutes les formes de vie.

La nature humaine, vous l'avez décrite dans sa substance, dans sa vie, dans sa loi, soit pour l'âme, soit pour le corps. J'ai compris les trois formes de la matière humaine, de la matière angélique, de la matière archangélique, comme devant donner le principe de l'invisibilité et de l'intangibilité aux deux corps qui accompagnent le corps humain.

Dans le principe de *formation*, qui comprend l'incarnation de l'âme au sein du corps humain, et la désincarnation de cette âme, qui consiste à quitter ce corps, j'ai rejeté d'abord ces réincarnations successives parce que je ne croyais point à l'âme ; mais du moment où j'ai dû reconnaître que celle-ci existait et était indestructible, il me fallait bien admettre qu'elle devait revivre dans le règne humain jusqu'à ce qu'elle se fût suffisamment perfectionnée pour pouvoir aller vivre ailleurs, en des règnes supérieurs au sien.

Les raisons convaincantes que vous avez données de l'apprentissage successif que nous faisons pour les sens, pour les facultés affectives, pour les facultés de l'intelligence, dans nos différentes carrières humaines, m'ont fait accepter ce retour à la vie sur notre terre, puisque s'il en était autrement nous ne pourrions posséder ni un grand artiste ni un grand littérateur, ni un grand savant.

Sans m'arrêter à la description des fonctions de la vie, je jette un regard sur l'évolution des êtres, sur leur transformation de règne en règne, leur faisant gravir d'une manière continue la sublime hiérarchie du progrès. Si cette vérité est indiscutable, quelle perspective immense pour chacun de nous, quelle consolation pour les affligés, quel espoir sans égal pour ceux qui s'aiment de revivre d'une éternelle vie !!!

Les lois qui régissent tous les êtres, vous les avez assisès d'abord sur le plan divin, c'est-à-dire sur la loi *d'analogie* ou de l'unité universelle dans la création, sur la loi de *série* qui, à elle seule, constitue la science méthodique intégrale, puis sur la loi de *solidarité,* loi sublime qui unit tout ce qui vit dans une même réciprocité, dans un même amour. Puis, au-dessus de toutes les lois, la loi de progrès faisant comprendre les merveilles, qui au premier abord, paraissent incompréhensibles, mais auxquelles l'esprit s'habitue quand il sait interpréter les infinies combinaisons de la nature.

Vous m'avez montré les minéraux, les végétaux, les animaux doués d'une âme comme l'être humain, parcourant de même leur ascension progressive de règne en règne. Puis, au-dessus de l'homme j'ai entrevu les êtres que vous avez appelés angélique et archangélique ; au-dessus d'eux trois règnes supérieurs complètent cette magnifique hiérarchie de l'espèce universelle, chacun de ces règnes n'existant qu'en vertu des fonctions particulières qu'il est appelé à remplir dans le grand concert de la nature.

Vous m'avez conduit ensuite de l'être individuel à l'être collectif ou social ; vous m'avez fait voir l'être astral pourvu d'un triple corps comme l'homme, d'une âme qui est ici ternaire et d'une divité donnant les lois à tout cet ensemble.

L'astre, dans son corps et dans son âme, vous le faites voir construit comme tous les autres êtres, et dans la société humaine on retrouve tous les principes de l'âme de l'homme et même une anatomie descriptive d'organes analogues.

Du monde humain, vous conduisez au monde humain angélique où se retrouve notre humanité sous une autre forme de vie ; mais on la voit encore avec la flétrissure de ses crimes, de ses forfaits, de ses vices, de ses hontes, dans les bas fonds où sont plongées les âmes rebelles, en des bagnes non moins redoutables que les nôtres. Mais si les lois divines sont dures pour ceux qui les subissent, c'est moins pour les punir que pour les ramener au bien, à la réhabilitation et au bonheur.

Les âmes moins fautives, mises également en présence de leurs mauvaises actions, cherchent à s'améliorer, si je vous ai bien compris, non seulement dans le monde humain angélique où elles résident, mais encore en demandant à revenir sur la terre, le plus souvent dans les conditions sociales les plus humbles pour se corriger, pour se perfectionner en vue des carrières plus heureuses en des règnes plus élevés, qui ne peuvent s'acquérir que par le travail incessant de nos facultés morales et de nos facultés intellectuelles tout à la fois.

A la suite de réflexions profondes, je suis arrivé à me convaincre que la connaissance et la pratique des vérités que vous avez développées dans nos entretiens doivent suffire pour faire de tout homme qui les aura acceptées, un homme de bien s'oubliant lui-même, pour se consacrer tout entier aux autres et concourir au bonheur du genre humain.

Avec la perspective assurée d'une vie qui ne s'éteindra jamais et qui, selon la conduite bonne ou mauvaise, fera voir la conséquence inévitable du malheur attendant celui qui est fautif et du bonheur auquel aura droit celui qui aura fidèlement accompli les lois divines, on verra peu à peu disparaître les forfaits, les violences, les iniquités de notre monde. Les guerres n'ayant plus le foyer des haines ambitieuses, disparaîtront d'elles-mêmes et les hommes devenus meilleurs commenceront réellement à s'aimer.

C'est alors que j'entrevois pour la terre une ère nouvelle de bonheur qui sera la juste récompense de notre humanité, chez laquelle l'envie, les convoitises, l'égoïsme ayant disparu, la richesse deviendra universelle, multipliée par les merveilles de la science et distribuée à tous d'une manière équitable sous l'impulsion du fraternel amour.

— Je suis heureux, mon digne ami, d'avoir été aussi bien interprété par vous ; je désire que cette doctrine, qui résulte de l'inspiration de pensées plus hautes que les miennes, soit ainsi comprise par le plus grand nombre.

Le but qu'elle se propose, c'est de fonder la *science morale*, science devenue essentiellement exacte et positive du moment où est connue l'âme humaine, l'âme immortelle à jamais impérissable qui porte en soi les lois de ses propres destinées.

C'est en effet la connaissance de ces destinées de l'âme qui, enseignant son origine primordiale et le parcours nécessaire de ses carrières successives échelonnées d'après les injonctions de la loi de progrès, c'est cette connaissance du grand objectif à atteindre, le même pour tous les êtres, qui affirme toutes les plus hautes espérances auxquelles elle donne la certitude absolue.

Or, si l'âme est assurée à jamais du bonheur qu'elle est conviée à acquérir, n'est-ce pas avec une noble résignation qu'elle acceptera la souffrance, conséquence nécessaire de ses défaillances, de ses erreurs et de ses fautes antérieures ? Sachant que cette souffrance est nécessaire pour la purifier et la grandir, elle marchera d'un pas ferme dans la voie du bien, sans se préoccuper des écueils de la vie présente.

Une fois que nous serons bien convaincus de l'existence indispensable des lois qui doivent nous frapper fortement pour nous faire payer la dette encourue par nos actes coupables, nous cesserons de nous révolter contre notre destinée, parce que nous comprendrons les justes causes de nos douleurs et que nous saurons ce qu'il faut faire pour nous guérir et devenir heureux en nous préparant de nouvelles carrières moins ingrates.

Oui, chaque faute attirant fatalement le châtiment qui est son remède, l'homme, devenu intelligent à ses propres dépens, voudra éviter les dures souffrances dont il pourra calculer à l'avance les funestes effets s'accomplissant fatalement en raison de l'intensité du mal moral.

C'est alors que tous ceux qui sont en proie aux douleurs profondes les atteignant soit par la misère, soit par la maladie, soit par les souffrances morales, plus poignantes encore, se pénètreront de cette grande vérité, que le mal rongeur dont ils sont les victimes, ne pourra disparaître un jour qu'autant que chacun de nous aura acquis la ferme volonté de devenir meilleur et qu'il aura acquis la véritable force qui est la force morale.

Qu'on se persuade bien que les institutions les plus intelligemment, les plus savamment combinées et les plus capables de donner à tous les satisfactions que l'on est en droit d'attendre du progrès, ne seront possibles et durables qu'autant qu'elles seront dirigées par des hommes probes et honnêtes, n'ayant d'autre ambition que celle de produire le bien général, sachant se dévouer, dans l'oubli le plus complet de leur intérêt personnel.

Mais il ne suffirait point encore que l'exemple du désintéressement fût donné par ceux qui sont investis du pouvoir de diriger nos institutions sociales, il faut en outre que chacun, en son for intérieur, sache se rendre digne du bonheur qui lui serait offert au moyen de conditions plus propices que celles dans lesquelles il subsiste. Car celui que ne mérite pas le bien qu'on veut lui faire est incapable d'en profiter ; détruisant dans son germe l'état heureux qu'on lui propose, il abuse inconsidérément des premiers dons qui lui ont été faits pour retomber bientôt dans le malheur duquel il reste impuissant à s'affranchir.

Cette impuissance morale est la conséquence de la faiblesse de l'âme trop enfantine encore pour se dompter elle-même, pour prendre les sérieuses et sévères résolutions qui sont celles de la conscience s'interdisant tout ce que défendent les lois protectrices de nous-mêmes et des autres, et s'imposant tout ce que ces lois nous ordonnent de faire en vue de l'accomplissement du devoir.

Les hommes trop enclins encore à ne rechercher d'autres jouissances que les jouissances matérielles des sens dont ils abusent le plus souvent, demeurent confinés dans le cercle étroit de la matière dont ils ne veulent sortir, méconnaissant les autres jouissances transcendantes qui sont celles de la pensée, les seules qui embellissent l'âme et qui lui découvrent les grandes vérités qui sont celles de l'idéal réalisable.

Contemplons donc les grandeurs du progrès infini ; voyons ce que nous serons au lendemain de notre carrière accomplie, et détachons nos regards du terre à à terre dont nous sommes les esclaves, élevons-les plus haut afin d'acquérir la véritable noblesse de l'âme qui est le désintéressement, qui est le sacrifice de soi pour les autres, qui est l'amour universel conduisant vers l'infinie grandeur.

FIN

28 août 1889.

TABLE DES MATIÈRES

I. — Esprit et matière 1

II. — Dieu. 3

III. — Dieu dans sa constitution 6

IV. — Dieu dans sa constitution (Suite). . . 9

V. — L'âme humaine. 12

VI. — Constitution de l'âme humaine. . . . 15

VII. — Constitution de l'âme humaine (Suite). 17

VIII. — Anatomie de l'âme 20

IX. — De l'âme rectrice humaine 30

X. — L'âme rectrice (Suite) 33

XI. — Les courants psychiques 38

XII. — Attributs internes 40

XIII. — Personnalité rectrice 43

XIV. — Fonctionnement du mécanisme de la
pensée. 52

XV. — Origine des radiations animiques . . 59

XVI. — Les facultés de l'âme humaine. . . . 62

XVII. — Les facultés affectives — la volonté . 65

XVIII. — L'amour. 68

XIX. — L'amour (Suite). 75

XX. — L'amour (Suite). 83

XXI. — La conscience 87

XXII. — Facultés de l'intelligence 98

XXIII. — De la divité animique humaine . . . 104

XXIV. — De l'être corporel humain en général. 108

XXV. — De l'être corporel humain 111

XXVI. — Coup d'œil synthétique sur l'anatomie
du corps humain 112

XXVII. — De l'âme corporelle dans le corps humain 12

XXVIII. — De la divité corporelle 123
XXIX. — De l'être corporel humain angélique . 124
XXX. — De l'être corporel humain-archangéli-
que 127
XXXI. — Nature humaine animique et corpo-
relle. 131
XXXII. — Principe substantiel humain 131
XXXIII. — Principe vital humain — formation . 139
XXXIV. — Des incarnations et des désincarna-
tions alternantes. 141
XXXV. — Fonctions animiques et corporelles . 151
XXXVI. — Evolutions animiques et corporelles . 153
XXXVII. — Principe législatif humain 155
XXXVIII. — Lois des plans d'organisation 156
XXXIX. — Lois de direction 159
XL. — Lois d'ordonnancement 159
XLI. — Coup d'œil sur la constitution des
êtres des trois règnes inférieurs. . 162
XLII. — L'être astral social 166
XLIII. — Le monde humain 168
XLIV. — L'âme humaine sociale 169
XLV. — Divité sociale. 175
XLVI. — Nature de l'être animique social . . . 177
XLVII. — Du monde humain-angélique et angé-
lique-humain de l'astre terrestre. . 180
XLVIII. — Du monde archangélique-humain de
l'astre terrestre. 190
XLIX. — Les mondes déitaires. 191
L. — Résumé et conclusion. 193

FIN DE LA TABLE

Imprimerie BEAUDELOT, 9, place des Vosges, Paris.

Errata

Page 4, ligne 14, lire : *sous* au lieu de *dans*.

page 16, ligne 36, lire : *par* au lieu de *pour*.

page 19, ligne 2, lire : *cerveau* au lieu de *cerceau*.

page 51, ligne 19, lire : de cette âme *et la* représente.

page 86, ligne 29, lire : *bonheur* au lieu de *honneur*.

page 173, ligne 18, lire : *psychiques* au lieu de *physiques*.

page 190, ligne 1, lire : le monde *angélique* dans l'astre.

OUVRAGES DU MÊME AUTEUR

Dieu et l'Être Universel, 1 vol. grand in - 18 de
500 p., avec tableaux sériaires et figures.   3 fr. 50

Pour paraître prochainement :

DIEU DANS LA SCIENCE ET DANS L'AMOUR

Ouvrage en six volumes :

Synthèse de l'Être . . . .   1 vol.
Synthèse de la Nature. . . . .   1 vol.
L'Ame humaine . . . .   1 vol.
Le corps humain : . . . .   1 vol.
Les trois règnes, minéral, végétal, animal.
Le règne angélique. . . . .   1 vol.
Le règne archangélique. . . . . .
L'Être Astral-social . . . .   1 vol.
Dieu et les règnes déitaires. . . . . .   1 vol.

TYP. A.-M. BEAUDELOT, 9, place des Vosges, PARIS.

www.ingramcontent.com/pod-product-compliance
Lightning Source LLC
Chambersburg PA
CBHW060024100426
42740CB00010B/1584